개정판

中國 簡字辭典
【간자사전】

도서출판 醫聖堂

簡·繁體字對照表

1. 본 표는 1964년 중국 문자 개혁위원회(中國文字改革委員會)가 공포한 《簡化字叢表》와 1986년 10월 국가 언어문자 공작위원회(國家言語文字工作委員會)가 발표한 〈關于重新發表《簡化字叢表》的說明〉에 의거하였다. 현재 중국에서는 簡化字를 사용하고 있다.
2. ▨는 편방(偏旁)으로 쓰일 수 있다.
3. 획수자는 간자 획수를 말하며, 一, 丨, 丿, 丶, 乛 등은 글자의 첫획을 표시한다.
4. 중국어음은 영어발음표기를 사용하였다.

간체자	번체자	발음	뜻
	**2 획**		
厂	廠	chǎng	창 헛간
卜	蔔	bō/bó/bǔ	복 卜=점치다, 蔔무우, 치자꽃
儿	兒	ér/ní	아 아이
几	幾	jǐ/jī	기 几=궤, 幾=몇, 거위
了	瞭	liǎo/liào	료 了=마치다, 瞭=아득하다
	**3 획**		
干	乾	gān/qián	간·건 干=천간, 乾=마르다
干	幹	gàn	간 줄기, 뼈대
亏	虧	kuī	휴 이즈러지다, 손해
才	纔	cái	재 겨우, 재주, 재목단위
万	萬	wàn/mò	만 일만, (많은 것)다수
与	與	yú/yǔ/yù	여 베풀다, 주다, 참여하다
千	韆	qiān	천 千=일천, 韆=그네
亿	億	yì	억 억, 예측하다
个	個	gè/ge	개 낱, 낱으로 된 물건을 세는 단위
个	箇	gè	개 낱, 물건을 세는 단위

간체자	번체자	발음	뜻
么	麼	mè/ma/mó	마 그런가, 무엇, 어찌
广	廣	guǎng	광 넓다, 너비
门	門	mén	문 문, 출입문
义	義	yì	의 옳다
卫	衛	wèi	위 지킬, 막다
飞	飛	fēi	비 날다, (동작)빠르다
习	習	xí	습 익히다, 연습하다
马	馬	mǎ	마 말
乡	鄉	xiāng	향 마을, 시골
	**4 획 [一]**		
丰	豐	fēng	풍 풍성하다
开	開	kāi	개 열리다, 꽃이 피다
无	無	wu/mó	무 없다, 금지하다
韦	韋	wéi	위 다름가죽
专	專	zhuān	전 오로지
云	雲	yún	운 云=말하다, 雲=구름

4획 ~ 5획

简体	繁體	병음	뜻		简体	繁體	병음	뜻
艺	藝	yì	예 심다, 기예		闩	閂	shu-ān	산 (문의)빗장
厅	廳	tīng	청 관청, 마을, 대청		为	爲	wéi/wèi	위 하다, 만들다, 돕다
历	歷	lì	력 지내다, 지나다		斗	鬭	dòu/dǒu	투 싸우다, 다투다
历	曆	lì	력 책력, 수효, 역법		忆	憶	yì	억 생각하다, 기억, 추억
区	區	qū/ōu	구 지경, 일정 지역, 구별		订	訂	dìng	정 바로잡다
车	車	chē/ju	차 수레, 수레바퀴		计	計	jì	계 세다, 헤아리다, 계획
		[丨]			讣	訃	fù	부 부고(죽음을 알리는)
冈	岡	gāng	강 산등성이, 언덕		认	認	rèn	인 알다, 인식하다
贝	貝	bèi	패 조개, 화폐		讥	譏	jī	기 나무라다, 비웃다
见	見	jiàn/xiàn	견·현 보다, 나타나다				[一]	
		[丿]			丑	醜	chǒu	축·추 丑=소, 醜=추하다
气	氣	qì	기 기운, 공기, 기체		队	隊	duì	대 대오, 대열, 무리
长	長	cháng/zhǎng	장 길다, 장점, 어른		办	辦	bàn	판 힘쓰다, 주관하다
仆	僕	pú/pu	복 종, 저(소인)		邓	鄧	dèng	등 나라이름, 땅이름
币	幣	bì	폐 화폐, 재물		劝	勸	quàn	권 권하다
从	從	cóng	종 좇다, 순직하다, 따르다		双	雙	shuā-ng	쌍 쌍, 짝이 되다
仑	侖	lún	륜 생각하다		书	書	shū	서 (글을)쓰다
仓	倉	cāng	창 곳집(창고)				**5 획**	
风	風	fēng	풍 바람, (바람)불다				[一]	
仅	僅	jǐn/jìn	근 겨우, 가까스로 가깝다		击	擊	jī	격 치다, 두드리다
凤	鳳	fèng	봉 봉새, 봉황새		戋	戔	jiān	전 쌓이다, 해치다, 상하다
乌	烏	wū/wu	오 까마귀, 검다, 아아(탄식)		扑	撲	pū	박 치다, 넘어지다
		[丶]			节	節	jié/jie	절 마디, 당락, 요약

❖ 중국에 가실 때는 간자사전이 꼭 필요합니다.

简体	繁體	拼音	뜻		简体	繁體	拼音	뜻
术	術	shù/zhú	술 꾀, 계략, 수단, 방법		尔	爾	ěr	이 너, 그대
龙	龍	lóng	룡 용, 제왕의 비유		乐	樂	lè/yào/yuè	요·악 즐기다, 좋아하다, 풍류
厉	厲	lì	려 엄격하다, 엄숙하다		处	處	chu/chǔ	처 살다, 머물러 있다
灭	滅	miè	멸 멸망하다		冬	鼕	dōng/tóng	동 冬=겨울, 鼕=북소리
东	東	dōng	동 동녘		鸟	鳥	niǎo/diāo	조 새
轧	軋	yà/gá/zhá	알 삐걱거리다, 붐비다		务	務	wù	무 힘쓰다, 일, 노력
[丨]					刍	芻	chú	추 꼴(목초), 풀을 베다
卢	盧	lú	로 밥그릇, 화로, 창자루		饥	饑	jī	기 주리다, 기아, 주림
业	業	yè	업 일, 업무, 직업		[丶]			
旧	舊	jiù	구 옛날, 오래 되다		邝	鄺	kuā-ng	광 성
帅	帥	shu-ài	수 장수, 거느리다		冯	馮	féng/píng	풍·빙 성, 타다, 업신여기다
归	歸	guī	귀 돌아가다		闪	閃	shǎn	섬 번쩍이다, 깜박이다
叶	葉	yè/yié	엽 (초목의)잎		兰	蘭	lán	란 난초, 목련
号	號	hào/háo	호 부르짖다, 이름 명칭		汇	匯	huì	회 (물이)돌아 모이다
电	電	diàn	전 번개, 전기		汇	彙	huì	휘 (무리)모이다, 고슴도치
只	隻	zhī	척 단독, 단 하나, 한짝, 한개		头	頭	tóu/tóu	두 머리, 선두
只	衹	qí/zhǐ	지 다만, 마침		汉	漢	hàn	한 한나라
叽	嘰	jī	기 쪼잘거리다(새나 벌레 우는)		宁	寧	níng/nìng	령 편안하다, 문안하다, 차라리
叹	嘆	tàn	탄 탄식하다, 한숨쉬다		讦	訐	jié	알 (비밀, 약점)들추어내다
[丿]					讧	訌	hòng	홍 어지럽다, 내분하다
们	們	mèn	문 들(사람의 복수)		讨	討	tǎo	토 치다, 정벌하다
仪	儀	yí	의 거동, 예의, 풍속		写	寫	xiě	사 베끼다, 옮겨놓다
丛	叢	cóng	총 모이다, 많다, 번잡하다		让	讓	ràng	양 사양하다, 겸손하다

5획 ~ 6획

简	繁	병음	한글	뜻
礼	禮	lǐ	례	예도, 예절
讪	訕	shàn	산	헐뜯을, 비방하다
讫	訖	qì	흘·글	마치다, 마감, 끝
训	訓	xùn	훈	가르치다, 훈련, 훈계
议	議	yì	의	의논하다
讯	訊	xùn	신	묻다, 신문하다, 알리다
记	記	jì	기	기억하다, 기록하다
[一]				
辽	遼	liáo	료	멀다
边	邊	biān	변	가장자리, 부근
出	齣	chū	척	出=나가다 齣=연극의 한 장면
发	發	fā	발	쏠, 파견하다, 보내다
发	髮	fà/fā	발	터럭, 머리털
圣	聖	shè-ng	성	성스럽다, 성인
对	對	duì	대	대답하다, 상대
台	臺	tái/tāi	대	돈대, 물건을 얹는 대
台	檯	tái	대	연석자리(회수)
台	颱	tái	태	태풍
纠	糾	jiū	규	얽히다, 모으다, 바로잡다
驭	馭	yù	어	(말을)부리다, 몰다
丝	絲	sī	사	실

6 획

简	繁	병음	한글	뜻
[一]				
玑	璣	jī	기	구슬
动	動	dòng	동	움직이다
执	執	zhí	집	잡다, 가지다
巩	鞏	gǒng	공	굳다
圹	壙	kuà-ng	광	광, 들판, 벌판, 뫼구덩이
扩	擴	kuò	확	넓히다
扪	捫	mén	문	더듬다, 어루만지다
扫	掃	sǎo/sào	소	쓸다
扬	揚	yáng	양	오르다, 찬양하다
场	場	chǎng/cháng	장	마당
亚	亞	yà	아	버금
芗	薌	xiāng/xiǎng	향	향기, 향기롭다
朴	樸	pǔ/piáo/pō	박	순박하다
机	機	jī	기	틀(기구, 기계), 베틀
权	權	quán	권	권세, 저울
过	過	guò/guō/guó	과	지나다, 거치다, 지나치다
协	協	xié	협	합하다, 어울리다
压	壓	yā/yà	압	누르다, 억압하다
厌	厭	yàn	염	싫증나다, 가득하다
库	庫	shè	사	성, 마을
页	頁	yè	엽·혈	쪽(책 등의 한쪽면)
夸	誇	kuā	과	자랑하다, 과장
夺	奪	duó	탈	빼앗다, 잃다, 빠지다

❖ 중국에 가실 때는 간자사전이 꼭 필요합니다.

6획

간자	번체	병음	한글	뜻
达	達	dá/tà	달	통하다, 다다르다, 미치다
夹	夾	jiā/gā/jié	협	(사이에)끼다
轨	軌	guǐ	궤	궤도, 선로, 법칙
尧	堯	yáo	요	높다, 요임금
划	劃	huà/huá/huái	획	긋다, 나누다, 쪼개다
迈	邁	mài	매	멀리 가다, 경과하다
毕	畢	bì	필	마치다, 모두

[丨]

간자	번체	병음	한글	뜻
贞	貞	zhēn	정	곧다, 정절, 지조
师	師	shī	사	스승
当	當	dāng/dàng	당	마땅하다, 대하다
当	噹	dāng	당	방울
尘	塵	chén	진	티끌, 먼지, 속세
吁	籲	yù/yuè/yào	유	부르다, 외치다, 호소하다
吓	嚇	xià/è	혁	노하다, 위협하다
虫	蟲	chóng	충	벌레
曲	麯	qū	곡·국	曲=굽다, 麯=누룩
团	團	tuán	단	둥글다, 덩어리, 단체
团	糰	tuán	단	경단
吗	嗎	má/mā/mǎ	마	의문조사, 무엇
屿	嶼	yǔ	서	섬, 작은 섬
岁	歲	suì	세	해, 세월
回	迴	huí	회	돌다(회전)

간자	번체	병음	한글	뜻
岂	豈	qǐ/kǎi	개	어찌…하겠는가
则	則	zé	칙	규범, 곧, …하다
刚	剛	gāng	강	굳세다, 강철
网	網	wǎng	망	그물

[丿]

간자	번체	병음	한글	뜻
钆	釓	gá	구	가돌리늄(Gd), 희토류원소
钇	釔	yǐ	을	이트륨(Y), 희토류원소
朱	硃	zhū	주	朱=붉다, 硃=주사
迁	遷	qiān	천	옮기다, 이사하다
乔	喬	qiáo	교	높을, 높이 솟다
伟	偉	wěi	위	훌륭하다, 크다, 위대
传	傳	chuán/zhuàn	전	전하다
伛	傴	yǔ	구	(허리)구부리다, 곱사등이
优	優	yōu	우	뛰어나다
伤	傷	shāng	상	상처, 다치다
伥	倀	chāng	창	귀신이름
价	價	jià/jiè/jie	가	값, 가격
伦	倫	lún	륜	인륜, 순서
伧	傖	cāng/chèn	창	천할
华	華	huá/huà	화	꽃, 꽃이 피다, 빛
伙	夥	huǒ	화·과	伙=세간, 夥=동료
伪	僞	wěi	위	거짓, 속이다
向	嚮	xiàng	향	向=향하다, 嚮=접대, 대하다

중국 간자사전
도서출판 의성당

6획

簡	繁	拼音	훈음
后	後	hòu	후 뒤, 뒤떨어지다
会	會	huì/kuài	회 모일, 모임
杀	殺	shā/shài	살·쇄 죽이다, 감소하다
合	閤	hé/gǎo/gé	합 합문, 쪽문
众	衆	zhòng/zhōng	중 무리(많은 사람, 물건 등)
爷	爺	yé	야 아비, 아버지, 남자의 존칭
伞	傘	sǎn	산 우산
创	創	chuàng/chuāng	창 비롯하다, 만들다, 다치다
杂	雜	zá	잡 섞이다
负	負	fù	부 (짐을, 빚을, 승부 등에)지다
犷	獷	guǎng	광 사납다, 거칠다, 추악하다
犸	獁	mǎ	마 짐승이름
凫	鳧	fú	부 오리, 산이름
邬	鄔	wū/wǔ	오 땅이름
饦	飥	tuō	탁 수제비, 떡
饧	餳	xíng/qíng/táng	당 엿

[丶]

簡	繁	拼音	훈음
壮	壯	zhuàng	장 씩씩하다, 장하다
冲	衝	chōng/chòng	충 부딪히다
妆	妝	zhuāng	장 화장, 치장, 단장 등을 꾸미다
庄	莊	zhuāng	장 무성, 농막, 장원, 별장
庆	慶	qìng	경 경사
刘	劉	liú	류 죽이다

簡	繁	拼音	훈음
齐	齊	qí/jì/zhāi	제 가지런히, 같다, 조화
产	産	chǎn	산 낳다, 태어나다
闭	閉	bì	폐 닫을, 잠기다, 끝내다
问	問	wèn	문 묻다
闯	闖	chuǎng	틈 엿보다, 쑥 내밀다
关	關	guān	관 빗장, 기관
灯	燈	dēng	등 등잔, 등불
汤	湯	tāng/shāng	탕 (물을)끓이다, 끓은 물
忏	懺	chàn	참 뉘우치다
兴	興	xīng/xìng	흥 일어나다, 일으키다, 취미
讲	講	jiǎng	강 읽다, 이야기하다, 설명하다
讳	諱	huì	휘 꺼릴, 싫어하다, 피하다
讴	謳	ōu	구 노래하다, 읊조리다
军	軍	jūn	군 군사, 진을 치다
讵	詎	jù	거 어찌, 어떻게
讶	訝	yà	아 놀라다, 의아하다
讷	訥	nè	눌 말을 더듬다
许	許	xǔ	허 허락하다, 쯤(가량)
讹	訛	é	와 그릇되다, 속이다, 거짓
䜣	訢	xīn/xī/yín	흔 기뻐하다, 화기 서리다
论	論	lùn/lún	론 논하다, 말하다
讻	訩	xiōng	흉 떠들썩하다
讼	訟	sòng	송 송사하다(재판)

❖ 중국에 가실 때는 간자사전이 꼭 필요합니다.

간체	번체	병음	한국어 뜻		간체	번체	병음	한국어 뜻
讽	諷	fěng	풍 풍자하다, 비꼬다		纣	紂	zhòu	주 (말의)껑거리끈, 밀치끈
农	農	nóng	농 농사, 농업		驮	馱	tuó	태 타다, 짐을 싣다
设	設	shè	설 베풀, 진열하다, 세우다		纤	縴	qiàn	견 헌솜, (배를 끄는)밧줄
访	訪	fǎng	방 찾다, 방문하다			纖	xiān/qiàn	섬 가늘다, 부드럽다
诀	訣	jué	결 헤어지다, 비법		纥	紇	gē/hé	흘 묶다

[丶]

간체	번체	병음	한국어 뜻
驯	馴	xún	순 길들이다
寻	尋	xún	심 찾다, 생각하다, 보통
纨	紈	wán	환 흰비단
尽	盡	jìn/jǐn	진 다되다
约	約	yuē/yāo	약 묶다, 약속하다
尽	儘	jìn/jǐn	진 다하다(없어지다), 되도록
级	級	jí	급 등급, 순서, 층계
导	導	dǎo	도 이끌다
纩	纊	guā-ng	광 솜
孙	孫	sūn	손 손자, 자손, 후손
纪	紀	jì/jǐ	기 기율, 질서, 기록
阵	陣	zhèn	진 (군대의)진지, 진영
驰	馳	chí	치 달릴, 질주하다
阳	陽	yáng	양 볕, 양지, 陰의 相對
纫	紉	rèn	인 (바늘에)실을 꿰다
阶	階	jiē	계 섬돌, 사닥다리, 계단

7획

| 阴 | 陰 | yīn | 음 응달 |

[一]

간체	번체	병음	한국어 뜻
妇	婦	fù	부 며느리, 아내, 여자
寿	壽	shòu	수 목숨, 수명, 장수하다
妈	媽	mā	마 어미
麦	麥	mài	맥 보리
戏	戲	xì/hū	희 놀이, 장난, 유희
玛	瑪	mǎ	마 마노
观	觀	guān/guàn	관 보다, 경치
进	進	jìn	진 나아가다, 올리다
欢	歡	huān	환 기쁘다, 즐겁다
远	遠	yuǎn	원 멀다
买	買	mǎi	매 사다
违	違	wéi	위 어기다, 다르다
纡	紆	yū	우 굽히다, 구부러지다
韧	韌	rèn	인 질기다, 부드럽다
红	紅	hóng/gōng	홍 붉다, 연지
划	剗	chàn/chǎn	잔 깎다, 베다

7획

간체	번체	병음	한국어 뜻	간체	번체	병음	한국어 뜻
运	運	yùn	운 움직이다, 돌다, 운동	扨	攏	sǒng	송 곤추세우다, 움츠리다
抚	撫	fǔ	무 어루만지다, 위로하다	芜	蕪	wú	무 잡초가 우거지다
坛	壇	tán	단 단, 흙을 쌓아올린 단	苇	葦	wěi	위 갈대
	罎	tán	담 술병, 술단지	芸	藝	yì	예 (식물)심을, 기예
抟	搏	bó	박 (찾아내어)잡다	苈	藶	lì	력 꽃다지
坏	壞	huài	괴 무너지다, 나쁘다	苋	莧	xiàn/huǎn	현 비름
抠	摳	kōu	구 걷우다, 후비다, 새기다	苁	蓯	cōng	총 육종용(버섯의 한가지)
坜	壢	lì	력 구덩이, 땅이름	苍	蒼	cāng	창 푸르다, 청색
扰	擾	ráo/nǎo/rǎo	요 어지럽다	严	嚴	yán	엄 엄하다, 빈틈없다, 심하다
坝	壩	bà/pèi	패 방죽, 제방	芦	蘆	lú/lǔ	로 갈대
贡	貢	gòng	공 바치다, 공물을 바치다	劳	勞	láo	로 힘쓰다, 일하다, 노력
扨	掆	gāng/gàng	강 들다	克	剋	kè/kēi	극 이길, 잘하다, 능하다
折	摺	zhé/zhě	절·접 折=꺾다, 摺=접다	苏	蘇	sū	소 차조기, 회생하다
抡	掄	lūn/lún	륜 가리다 선택		嚕	sū	소 군소리하다
抢	搶	qiǎng/qiāng/qiàng	창 부딪치다, 닿다, 빼앗다	极	極	jí	극 다하다, 최고도
坞	塢	wù	오 성채, 마을, 촌락	杨	楊	yáng	양 백양나무, 사시나무
坟	墳	fén	분 무덤	两	兩	liǎng	량 둘, 짝을 짓다
护	護	hù	호 지키다, 감싸다	丽	麗	lì/lí	려 곱다, 아름답다
壳	殼	qiào/ké	각 껍질	医	醫	yī	의 의원, 치료하다
块	塊	kuài	괴 흙덩이, 덩어리	励	勵	lì	려 힘쓸, 권장하다
声	聲	shēng	성 소리, 소리를 내다	还	還	hái/huán	환 돌아오다(가다), 돌려주다
报	報	bào	보 갚음, 알리다, 갚다	矶	磯	jī	기 물가, 강가의 자갈밭
拟	擬	nǐ	의 헤아리다, 비기다, 비교하다	奁	奩	lián	렴 경대(화장상자)

❖ 중국에 가실 때는 간자사전이 꼭 필요합니다.

7획

简	繁	병음	훈	뜻	简	繁	병음	훈	뜻
歼	殲	jiān	섬	섬멸하다	邮	郵	yóu	우	역참
来	來	lái/lái	래	오다, 장래	困	睏	kùn	곤	困=궁하다 睏=졸리다
欤	歟	yú	여	어조사(그런가)	员	員	yuán/yún/yùn	원	인원(어떤 일에 종사하는 고성원)
轩	軒	xuān	헌	초헌, 추녀, 처마	呗	唄	bài	패	염불 소리
连	連	lián	련	이어지다, 계속되다,	听	聽	tīng	청	듣다, 자세히 듣다
轫	軔	rèn	인	(바퀴가 구르지 않게 괴는)굄목	呛	嗆	qiāng/qiàng	창	쪼아먹다, 사례들다(기침)
[丨]					呜	嗚	wū	오	탄식소리, 흐느껴 울다
卤	鹵	lǔ	로	갯벌, 염밭, 염기성 토양	别	彆	biè	별	활이 뒤틀리다
卤	滷	lǔ	로	소금밭, 염분이 많은 땅, 간수	财	財	cái	재	재물,
邺	鄴	yè	업	땅이름	囵	圇	lún	륜	덩어리지다
坚	堅	jiān	견	굳을, 단단하다	贬	貶	yàn	염	지명이름
时	時	shí	시	때, 시기	帏	幃	wéi	위	휘장, 가로단이 막
呒	嘸	mú	무	분명하지 않다, 모호한 모양	岖	嶇	qū	구	험하다, 가파르다
县	縣	xiàn	현	고을	岗	崗	gǎng/gāng	강	언덕
里	裏	lǐ	리	속, 내부, 안 가운데	岘	峴	xiàn	현	재(고개)
呓	囈	yì	예	잠꼬대	帐	帳	zhàng	장	휘장(군막, 천막 등)
呕	嘔	ōu/ǒu/òu	구	게우다, 노래할, 기뻐하다	岚	嵐	lán	람	남기, 산속의 습기
园	園	yuán	원	동산(채소, 과목, 화초 등의), 정원	[丿]				
呖	嚦	lì	력	새의 맑고 깨끗한 소리	针	針	zhēn	침	바늘, 침(술)
旷	曠	kuàng	광	넓다	钉	釘	dīng/dìng	정	못, 못박을
围	圍	wéi	위	둘러싸다	钊	釗	zhāo	쇠	사람이름쇠, 힘쓰다, 멀다
吨	噸	dūn	톤	톤(ton)	钋	釙	pō	박	불리지 않는 쇠, 폴로늄
旸	暘	yáng	양	해돋이, 맑은 하늘	钌	釕	liào/liǎo	조	재갈

简	繁	拼音	한자 뜻	简	繁	拼音	한자 뜻
乱	亂	luàn	란 어지럽다	饮	飲	yǐn	음 마시다
体	體	tǐ/tī	체 몸체, 신체	系	係	xì	계 잇다, 매다
佣	傭	yōng	용 품팔이, 임금(賃金)		繫	xì/jì	계 매다, 묶다
㑇	儶	zhòu	추 고용살이, 영리하다			[丶]	
彻	徹	chè	철 통하다, 뚫다	冻	凍	dòng	동 얼다
余	餘	yú	여 余=나, 餘=남다, 넉넉하다	状	狀	zhuàng	상 모양, 상태, 형용(이다)
佥	僉	qiān	첨 여럿 모두, 가려뽑다	亩	畝	mǔ	무·묘 이랑, 면적단위(전답)
谷	穀	gǔ	곡 谷=골 穀=곡식, 낟알	庑	廡	wǔ	무 곁채(행랑채)
邻	鄰	lín	린 이웃 隣와 同	库	庫	kù	고 곳집, 문의 이름, 성
肠	腸	cháng/chǎng	장 창자, 마음	疖	癤	jiē	절 (작은)부스럼
龟	龜	guī/jūn/qiū	구·귀·균 나라이름, 거북, 갈라지다	疗	療	liáo	료 (병)고치다
犹	猶	yóu	유 오히려, 지금도 역시	应	應	yīng	응 응하다, 반응하다, 호응하다
狈	狽	bèi	패 이리	这	這	zhè	저 이, 맞다, 맞이하다, 낱낱
鸠	鳩	jiū	구 비둘기, 모으다	庐	廬	lú	려 오두막집, 초가집
条	條	tiáo	조 가지, 나뭇가지	闰	閏	rùn	윤 윤달, 윤년
岛	島	dǎo	도 섬	闱	闈	wéi	위 대궐의 쪽문
邹	鄒	zōu	추 나라이름	闲	閑	xián	한 한가하다, 여가, 막다
饨	飩	tún	돈 찐만두, 빵	间	間	jiān/xián	간 틈, 사이
饩	餼	xì	희 (음식을)보내거나 대접하다	闵	閔	mǐn	문 가엾게 여기다, 힘쓰다
饪	飪	rèn	임 익히다, 음식을 만들다	闷	悶	mēn/mèn	민 번민하다, 답답하다
饫	飫	yù	어 배가 부르다, (배가 불러)물리다	灿	燦	càn	찬 빛나다
饬	飭	chì	칙 삼가다, 바로잡다	灶	竈	zào	조 부뜨막, 부엌
饭	飯	fàn	반 밥	炀	煬	yáng	양 쬐다, 말리다

❖ 중국에 가실 때는 간자사전이 꼭 필요합니다.

简体	繁體	拼音	훈음	简体	繁體	拼音	훈음
沣	灃	fēng	풍 강이름	补	補	bǔ	보 보태다, 깁다(보수하다)
沤	漚	òu/ōu	구 거품, 물거품, 물에 담그다	诅	詛	zǔ	저 저주하다
沥	瀝	lì	력 방울지어 떨어지다	识	識	shí/zhì	식·지 알다, 식별하다, 인식, 기억하다
沦	淪	lún	륜 빠지다, 잠기다	诇	詗	xiòng	형 염탐하다
沧	滄	cāng	창 (물이)푸르다, 차다	诈	詐	zhà	사 속이다
沨	渢	fēng/féng/fàn	풍 물소리	诉	訴	sù	소 하소연할, 알리다, 고하다
沟	溝	gōu	구 도랑, 하수도	诊	診	zhěn	진 보다(진찰 등)
沩	溈	wéi	위 강이름	诋	詆	dǐ/dī	저 꾸짖다, 비난하다, 욕하다
沪	滬	hù	호 강이름	诌	謅	zhōu/zōu/chōu	초 농담하다(헛소리)
沈	瀋	shěn	심 沈=성씨, 瀋=지명, 즙액	词	詞	cí	사 말, 말의 구절
怃	憮	wǔ	무 어루만지다, 애무하다	诎	詘	qū/chù	굴 굽히다, 구부리다, 줄어들다
怀	懷	huái	회 품, 품안, 품다, 가슴	诏	詔	zhào	소 조서(천자의 명령)
怄	慪	òu	우 삼가다, 화내다	译	譯	yì	역 번역(통역)하다
忧	憂	yōu	우 근심하다, 부모상	诒	詒	yí/dài	이 보내다, 주다, 증여하다
忾	愾	kài/xì/qì	개 성내다	[一]			
怅	悵	chàng	창 슬퍼하다, 원망하다	灵	靈	líng	령 신령, 영혼
怆	愴	chuàng	창 슬퍼하다	层	層	céng	층 층, 계단, 층집
穷	窮	qióng	궁 다하다, 구차하다	迟	遲	chí	지 늦다, 느리다, 더디다
证	證	zhèng	증 증거, 증명하다, 알리다	张	張	zhāng	장 베풀다(펴다), 넓히다
诂	詁	gǔ	고 주내다	际	際	jì	제 가장자리, 사이, 즈음
诃	訶	hē	가 꾸짖다, 책망하다	陆	陸	lù/liù	륙 뭍, 육지, 언덕
启	啓	qǐ	계 열다 가르치다, 인도하다	陇	隴	lǒng	롱 땅이름
评	評	píng	평 됨됨이를 평하다	陈	陳	chén	진 늘어놓다, 펴다

坠	隆	zhuì	추	떨어지다	纺	紡	fǎng	방 자을, 실을 잣다
陉	陘	jīng/xíng	형	지레목, 비탈	驴	驢	lú	려 나귀, 당나귀
妪	嫗	yù	구	늙은 여자, 할머니	纼	紖	zhèn	진 고삐, 수레를 끄는 줄
妩	嫵	wǔ	무	아리땁다	纽	紐	niǔ	뉴 끈
妫	嬀	guī	규	강이름	纾	紓	shū	서 느슨하다, 풀리다, (우환 등을)없애다
刭	剄	jǐng	경	목벨			**8 획**	
劲	勁	jìn/jìng	경	힘, 굳세다			[一]	
鸡	鷄	jī	계	닭	玮	瑋	wěi	위 옥이름, 아름답다
纬	緯	wěi	위	직물의 날과 씨, 위도	环	環	huán	환 고리, 둥글다
纭	紜	yún	운	어지러울	责	責	zé	책 꾸짖다, 책임지우다
驱	驅	qū	구	몰다, 빨리 달리다	现	現	xiàn	현 나타나다, 이제(현재)
纯	純	chún	순	순수하다	表	錶	biǎo	표 시계
纰	紕	pī	비	(옷따위)헤어지다	玱	瑲	qiāng	창 옥소리, 방울소리
纱	紗	shā	사	(방적용)가는 실, 면사	规	規	guī	규 법, 규범
纲	網	wǎng	망	그물	匦	匭	guǐ	궤 상자, 궤짝
纳	納	nà	납	바치다, 헌납하다, 넣다	拢	攏	lǒng	롱 합하다, 다물다
纴	紝	rèn	임	(베를)짜다	拣	揀	jiǎn	간 가리다, 고르다
驳	駁	bó	박	논박하다, 얼룩덜룩하다	垆	壚	lú	로 검은 흙, 화로, 주막
纵	縱	zòng	종	세로, 멋대로	担	擔	dān/dǎn/dàn	담 멜, 짊어지다, 떠맡다
纶	綸	lún/guān	륜	인끈, 청색 실, 낚시줄	顶	頂	dǐng	정 정수리, 꼭대기
纷	紛	fēn	분	어지러워지다, 섞이다	拥	擁	yōng/wěng	옹 끌어안다, 들다
纸	紙	zhǐ	지	종이, 장(종이를 세는)	势	勢	shì	세 세력
纹	紋	wén/wèn	문	무늬, (무늬 모양)주름	拦	攔	lán	란 막을, 차단하다

❖ 중국에 가실 때는 간자사전이 꼭 필요합니다.

8획

简	繁	병음	한글	뜻
扩	攏	kuǎi	회	긁다, 걸치다
拧	擰	níng/nǐng/nìng	녕	어지럽다, 비틀다, 짜다
拨	撥	bō	발	다스리다, (손가락)밀다, 튀기다
择	擇	zé/zhái	택	가리다, 고르다
茏	蘢	lóng/lǒng/lòng	롱	개여뀌, 푸르고 무성하다
苹	蘋	píng/pín	빈	네가래(개구리밥)
茑	蔦	niǎo	조	담쟁이덩굴
范	範	fàn	범	법, 본, 골, 틀
茔	塋	yíng	영	무덤
茕	煢	qióng	경	외롭다
茎	莖	jīng	경	줄기, 작은 가지
枢	樞	shū	추	지도리
枥	櫪	lì	력	말구유
柜	櫃	guì	궤	함, 궤
枫	棡	gāng	강	목책가롯대
枧	梘	jiǎn	견	홈통
枨	棖	chéng/cháng	정	문설주, 닿다, 부딪다
板	闆	bǎn	반	문안에서 볼, 주인, 어른
枞	樅	cōng/zōng	종	전나무
松	鬆	sōng	송	松=소나무, 鬆=더벅머리
枪	槍	qiāng	창	창(무기)
枫	楓	fēng	풍	단풍나무
构	構	gòu	구	얽어 짜다, 세우다

简	繁	병음	한글	뜻
丧	喪	sāng/sàng	상	죽을, 복을 입다, 잃다
画	畫	huà/huò	화	그림, (그림을)그리다
枣	棗	zǎo	조	대추
卖	賣	mài	매	팔다
郁	鬱	yù	울	郁(욱)성하다, 鬱(울)우울, 우거지다
矾	礬	fán	반	명반(금속의 유산염)
矿	礦	kuàng/gǒng	광	쇳돌, 광물
砀	碭	dàng	탕	무늬있는 돌
码	碼	mǎ	마	마노, 숫자의 부호
厕	廁	cè/sī	측	뒷간
奋	奮	fèn	분	떨치다, 성내다
态	態	tài	태	모양, 형상, 몸짓
瓯	甌	ōu	구	사발, 주발
欧	歐	ōu	구	유럽을 지칭
殴	毆	ōu	구	때리다, 치다
垄	壟	lǒng	롱	밭두둑, 논(밭)두렁
郏	郟	jiá	겹	고을이름, 땅이름
轰	轟	hōng	굉	울리다(천둥소리)
顷	頃	qǐng	경	밭넓이 단위, 요사이
转	轉	zhuǎn/zhuàn	전	돌다(회전), 옮기다
轭	軛	è	액	멍에
斩	斬	zhǎn	참	베다, 끊다
轮	輪	lún	륜	바퀴, 수레

8획

简体	繁體	拼音	한글	뜻
软	軟	ruǎn	연	부드럽다, 여리다
鸢	鳶	yuān	연	솔개

[丨]

简体	繁體	拼音	한글	뜻
齿	齒	chǐ	치	이, 나이
虏	虜	lǔ	로	포로, 사로잡다
肾	腎	shèn	신	콩팥(오장의 하나)
贤	賢	xián	현	어질다, 덕행이 뛰어난 사람, 착하다
昙	曇	tán	담	흐리다, 구름이 끼다
国	國	guó	국	나라
畅	暢	chàng	창	막힘이 없다, 통하다
咙	嚨	lóng	롱	목구멍
虮	蟣	jǐ/jī/qí	기	서캐, 이
黾	黽	mǐn/miǎn	민	힘쓰다
鸣	鳴	míng	명	울다, (음향)울리다
咛	嚀	níng	녕	친절하다
咝	噝	sī	사	(총알 등이)나는 소리
罗	羅	luó	라	새그물, 벌여놓다
罗	囉	luó/luō/luò	라	소리 얽힘, 가락을 돕는 소리
峄	崠	dōng	동	산등성이
岿	巋	kuī	귀	우뚝서다
帜	幟	zhì	치	표기, 깃발, 표지의 기
岭	嶺	lǐng	령	재, 산봉우리
刿	劌	guì	귀	상처 입히다

简体	繁體	拼音	한글	뜻
剀	剴	kǎi/gài	개	알맞다, 잘 어울리다
凯	凱	kǎi	개	즐기다, 승리의 함성
峄	嶧	yì	역	산이름
败	敗	bài	패	지다, 부수다, 해치다
账	賬	zhàng	장	장부(치부책)
贩	販	fàn	판	팔다
贬	貶	biǎn	폄	떨어뜨리다, 낮추다
贮	貯	zhù	저	쌓다, 모아두다
图	圖	tú	도	그림, 그리다, 꾀하다
购	購	gòu	구	사다, 사들이다

[丿]

简体	繁體	拼音	한글	뜻
钍	釷	tǔ	토	토륨
钎	釬	hàn/gǎn	한	갑옷의 토시
钏	釧	chuàn	천	팔찌
钐	釤	shàn	삼	낫, (낫으로)베다, 사마륨
钓	釣	diào	조	낚시, 낚다
钒	釩	fán	범	술잔, 바나듐
钔	鍆	mén	문	멘델레븀
钕	釹	nǚ	녀	네오디뮴
钖	鍚	yáng	양	당노(말이마에 다는 장식)
钗	釵	chāi	차·채	비녀
制	製	zhì	제	制=마르다, 제도, 製=만들다
叠	疊	dié	첩	겹쳐지다

❖ 중국에 가실 때는 간자사전이 꼭 필요합니다.

8획

간자	정자	병음	한글	뜻
刮	颳	guā	괄	刮=깎다, 颳=모진바람
侠	俠	xiá	협	호협할, 의협심 있는
侥	僥	jiǎo/yáo	요	요행, 난쟁이
侦	偵	zhēn	정	정탐하다
侧	側	cè/zè/zhāi	측	기울다, 곁, 옆, 가
凭	憑	píng	빙	기대다, 의거하다
侨	僑	qiáo	교	(타국에)우거하다
侩	儈	kuài	쾌	거간, 중간 상인
货	貨	huò	화	재화, 화폐
侪	儕	chái	제	동배, 무리, 함께
侬	儂	nóng	농	나, 당신, 너
质	質	zhì	질	바탕(성질), 소박하다
征	徵	zhēng/zhǐ	정·징	征=가다(싸움하러), 치다, 徵=부르다
径	徑	jìng	경	지름길, 길, 빠르다, 지름
舍	捨	shě/shè	사	舍=집, 捨=버리다
刽	劊	guì	회	끊다, 자르다
郐	鄶	kuài	회	나라 이름
怂	慫	sǒng	종	권하다, 놀라다
籴	糴	dí/zhuó	적	쌀을 사들이다
觅	覓	mì	멱	찾다, 구하다
贪	貪	tān	탐	탐하다, 몹시 바라다
贫	貧	pín	빈	가난하다, 곤궁
戗	戧	qiāng/qiàng	창	다치다, 버티다, 거스르다
肤	膚	fū	부	살갗, 피부, 표피
胨	膊	zhu-ān	전	저민고기, 장딴지
肿	腫	zhǒng	종	부어오르다, 부스럼
胀	脹	zhàng	창	(배가 팽창)부풀다
肮	骯	āng	항	목구멍
胁	脅	xié	협	옆구리
迩	邇	ěr	이	가깝다
鱼	魚	yú	어	고기, 물고기
狞	獰	níng	녕	모질다
备	備	bèi	비	갖추다, 준비
枭	梟	xiāo	효	올빼미, 사납고 용맹스럽다
饯	餞	jiàn	전	전별하다
饰	飾	shì	식	꾸미다, 장식
饱	飽	bǎo/bào/páo	포	배부르다, 물리다
饲	飼	sì	사	먹이다, 사료, 기르다
饳	飿	duò	돌	음식이름
饴	飴	yí	이	엿

丶

간자	정자	병음	한글	뜻
变	變	biàn	변	변하다, 달라지다
庞	龐	páng	방	크다, 방대하다
庙	廟	miào	묘	사당, 위패
疟	瘧	nüè/yào	학	학질, 말라리아
疠	癘	lì	려	염병, 돌림병

8획

简	繁	拼音	한	뜻
疡	瘍	yáng	양	종기, 헐다
剂	劑	jì	제	약제
废	廢	fèi	폐	못쓰게 되다, 그만두다
闸	閘	zhá	갑	물문, 둑, 물을 막다
闹	鬧	nào	뇨	시끄럽다, 떠들다
郑	鄭	zhè-ng	정	나라 이름
卷	捲	juǎn/juàn	권	말다, 감다 휘말다
单	單	dān/chán	단·선	홑, 하나, 오직, 다만
炜	煒	wěi/huī	위	빨갛다, 매우 밝다
炝	熗	qià-ng	창	데치다, 삶다
炉	爐	lú	로	화로
浅	淺	qiǎn/jiān	천	얕다, 낮다, 물이 얕다
泷	瀧	lóng/shuāng	롱	여울
泸	瀘	lú	로	강이름
泺	濼	luò/lù/pō	락	강이름
泞	濘	nìng	녕	진창, 진흙탕
泻	瀉	xiè/xiě	사	쏟아지다, (물이 빠르게) 흐르다
泼	潑	pō	발	물을 뿌리다
泽	澤	zé	택	못, 늪, 축축하다
泾	涇	jīng	경	개울, 물 이름
怜	憐	lián	련	불쌍히 여기다
㤗	懰	zhòu	추	고집이 세다
怿	懌	yì	역	기뻐하다
峃	嶨	xiāo	학	흙이 굳다
学	學	xué	학	배우다, 학문, 학자
宝	寶	bǎo	보	보배, 보물
宠	寵	chǒ-ng	총	사랑하다, 은혜
审	審	shěn	심	살피다, 상세하다
帘	簾	lián	렴	발, 주렴
实	實	shí	실	열매, 가득차다
诓	誆	kuā-ng	광	속이다
诔	誄	lěi	뢰	뇌사
试	試	shì	시	시험하다, 맛보다
诖	詿	guà	괘	속이다
诗	詩	shī	시	시
诘	詰	jié/jí	힐	꾸짖다, 따지다
诙	詼	huī	회	조롱하다, 비웃다
诚	誠	ché-ng	성	정성, 진심, 삼가다
郓	鄆	yùn/yún	운	고을 이름
衬	襯	chèn	친	속옷, 안에다 대다
袆	褘	yī	의	아름답다, 진귀하다
视	視	shì	시	보다, (자세히)살피다
诛	誅	zhū	주	베다(죄인을 죽이다)
话	話	huà	화	말하다, 이야기하다
诞	誕	dàn	탄	태어나다
诟	詬	gòu/hòu	후	꾸짖다

❖ 중국에 가실 때는 간자사전이 꼭 필요합니다.

8획 19

简体	繁体	拼音	한국어 뜻	简体	繁体	拼音	한국어 뜻
诠	詮	quán	전 (사정, 도리를)설명하다	绁	紲	xiè	설 고삐, 줄, 묶다
诡	詭	guǐ	궤 속이다, 기만하다	绂	紱	fú	불 인끈, 제복, 입다
询	詢	xún	순 묻다, 자문하다	练	練	liàn	련 익히다, 단련하다
诣	詣	yì	예 이르다, 다다르다, 방문하다	组	組	zǔ	조 (조직, 구성 등을)짜다
诤	諍	zhèng	쟁 간하다(충고)	驵	駔	zǎng	장 준마
该	該	gāi	해 갖추다, 사물을 지칭	绅	紳	shēn	신 큰띠(사대부의 예복)
详	詳	xiáng	상 자세하다	䌷	紬	chōu/chóu	주 견직물, (실)자아내다
诧	詫	chà/xià	타 속이다, 자랑하다	细	細	xì	세 가늘다, 미미하다, 작다
诨	諢	hùn	원 농담하다, 익살	驶	駛	shǐ	사 (말 등이 빠르게)달리다
诩	詡	xǔ	후 자랑하다, 뽐내다	驸	駙	fù	부 곁말, 부마(왕의 사위)
[→]				驷	駟	sì	사 사두마차
肃	肅	sù	숙 엄숙하다, 공경하다	驹	駒	jū	구 망아지, 좋은 말
隶	隸	lì	례 종(노예), 속하다	终	終	zhōng	종 끝나다, 다되다
录	錄	lù	록 기록하다, 베끼다	织	織	zhī	직 (베를)짜다, 조직하다
弥	彌	mí	미 두루, 가득차다, 더욱	驺	騶	zōu	추 마부(말먹이는 사람)
弥	瀰	mí/mǐ	미 물이 가득한 모양	绉	縐	zhòu	추 주름지다, 주름(직물에)
陕	陜	jiá/xiá	섬·합·협 땅이름, 좁다, 산골짜기	驻	駐	zhù	주 머무르다, 주둔하다
驽	駑	nú	노 둔하다, 굼뜬 말	绊	絆	bàn	반 얽어매다
驾	駕	jià	가 (멍에를)메우다, 타곳	驼	駝	tuó	타 낙타
参	參	cān/cēn/shēn	참 간여하다, 셋	绋	紼	fú/fèi	불 상여줄(관을 끄는 줄)
艰	艱	jiān	간 어렵다, 곤란하다	绌	絀	chù	출 꿰매다, 모자라다
线	綫	xiàn	선 가는 실, 줄	绍	紹	shào	소 이어받다, 소개하다
绀	紺	gàn	감 감색(붉은빛을 띤 흑색)	驿	驛	yì	역 역참, 역말, 역관

도서출판 의성당   중국 간자사전

8획~9획

简体	繁体	拼音	한글 뜻	简体	繁体	拼音	한글 뜻
绎	繹	yì	역 실마리를 찾다, 연속되다	挢	撟	jiǎo	교 (손을)들다 치켜들다
经	經	jīng/jìng	경 날실, 세로, 경맥, 다스리다	垫	墊	diàn	점 빠지다, 파다, 땅이 낮다
骀	駘	tái/dài	태 둔마, 둔하다	挤	擠	jǐ	제 밀치다, 붐비다, 몰리다
绐	紿	dài	태 속이다, 기만하다	挥	揮	huī	휘 휘두르다, 흔들다, 지휘하다
贯	貫	guàn	관 꿰뚫다, 통과하다	挦	撏	xián	잠 뽑다, 뽑아내다
9 획				荐	薦	jiàn	천 천거하다, 공물, 거적
[一]				荚	莢	jiá	협 꼬투리(풀열매)
贰	貳	èr	이 두, 둘, 두마음	贳	貰	shì	세 외상으로 사다, 세내다
帮	幫	bāng	방 도울, 패거리, 동업조합	荛	蕘	ráo	요 땔나무
珑	瓏	lóng	롱 옥소리	荜	蓽	bì	필 풀 이름
顸	頇	àn/hān	안·한 얼굴이 크다, 굵다	带	帶	dài	대 띠, 띠다
韨	韍	fú	불 폐슬(蔽膝), 인끈	茧	繭	jiǎn	견 고치, 누에고치
垭	埡	yà	오 작은방죽, 작은성, 산길	荞	蕎	qiáo	교 메밀
挜	掗	yà	아 억지로 주다	荟	薈	huì	회 무거다(초목이 모성한)
挝	撾	zhuā/wō	과 치다, 때리다	荠	薺	jì/qí	제 냉이
项	項	xiàng	항 목(덜미), 조목	荡	蕩	dàng	탕 쓸어버리다, 씻다
挞	撻	tà	달 매질하다	垩	堊	è	악 백토
挟	挾	jiá/xiá	협 끼다, 가지다	荣	榮	róng	영 번영하다, 무성하다
挠	撓	náo	뇨 흔들다, 긁다, 굽어지다	荤	葷	hūn/xūn	훈 매운채소, 훈채요리
赵	趙	zhào	조 나라이름, 뛰어넘다	荥	滎	xíng/yíng	형 못이름
贲	賁	bì/bēn	분 크다,	荦	犖	luò	락 얼룩소, 명백하다
挡	擋	dǎng/dàng	당 제거하다, 막다	荧	熒	yíng	형 (희미한)등불
垲	塏	kǎi	개 높고 건조하다	荨	蕁	xún/qián	담 지모, 찌다, 쐐기풀

❖ 중국에 가실 때는 간자사전이 꼭 필요합니다.

胡	鬍	hú	호 胡=오랑캐, 鬍=수염	砗	硨	chē	차 옥돌
荩	藎	jìn	신 조개풀	砚	硯	yàn	연 벼루
荪	蓀	sūn	손 향풀이름	砜	碸	fēng	풍 술폰(sulfone, 유기화합물)
荫	蔭	yìn/yīn	음 그늘, 가리다	面	麵	miàn	면 面=얼굴, 麵=밀가루, 麪과 同
卖	賣	mài	매 팔다	牵	牽	qiān	견 끌다, 이끌다, 잡아끌다
荭	葒	hóng	홍 개여뀌, 말여뀌	鸥	鷗	ōu	구 갈매기
荮	葤	zhòu	주 꾸러미, 묶음	龑	龑	yǎn	엄 고명(高明)한 모양
药	藥	yào	약 약, 약을 조제하다	残	殘	cán	잔 해치다, 손상하다, 잔여
标	標	biāo	표 우듬지, 표지	殇	殤	shāng	상 일찍 죽다
栈	棧	zhàn	잔 잔도, 비계, (가축)우리	轱	軲	gū/kū	고 수레
栉	櫛	zhì	즐 빗(머리털를 빗는)	轲	軻	kē/kě	가 가기 힘들다, 성씨
栊	櫳	lóng	롱 창살, 동물의 우리	轳	轤	lú	로 도르래, 물레
栋	棟	dòng	동 용마루, 마룻대	轴	軸	zhóu/zhòu	축 굴대, 북
栌	櫨	lú	로 거먕옻나무	轶	軼	yì/zhé	질·일·철 앞지르다, 흩어져 없어지다
栎	櫟	lì	력 상수리나무	轷	軤	hū	호 성씨
栏	欄	lán	란 난간, 우리, 간막이	轸	軫	zhěn	진 수레 뒤에 가로 댄 나무
柠	檸	níng	영 레몬	轹	轢	lì	력 삐걱거리다, 억압하다
柽	檉	chēng	정 위성류	轺	軺	yáo/diāo	초 수레
树	樹	shù	수 나무, 세우다	轻	輕	qīng	경 가볍다, 손쉽다, 경솔
鸤	鳲	shī	시 동고비(새이름)	鸦	鴉	yā	아 갈가마귀, 검다
郦	酈	lì	력 고을이름, 성	虿	蠆	chài/tà	채 전갈
咸	鹹	xián	함 소금기, 짜다			[ㅣ]	
砖	磚	zhu-ān	전 벽돌, 벽돌모양의 물건 甎의 俗字	战	戰	zhàn	전 싸우다, (두려워)떨다

간체	번체	병음	훈	뜻	간체	번체	병음	훈	뜻
觇	覘	hān	점	엿보다, 보다, 관찰하다	哗	嘩	huá/huā	화	떠들썩한 모양, 譁와 同
点	點	diǎn	점	점, 방울	响	響	xiǎng	향	울림, 음향, 울리다
临	臨	lín	림	임하다, 이르다	哙	噲	kuài	쾌	목구멍, 삼키다
览	覽	lǎn	람	보다, 살펴보다	哝	噥	nóng	농	소곤거리다
竖	豎	shù	수	세우다, 더벅머리, 豎의 俗字	哟	喲	yō/yò	약	감탄하는 어조사
尝	嘗	cháng	상	맛보다, 일찍이	峡	峽	xiá	협	골짜기
眍	瞘	kōu	구	움펑눈(눈이 들어가다)	峣	嶢	yáo	요	산이 높고 험준하다
昽	曨	lóng	롱	어슴푸레하다	帧	幀	zhèng	정	그림 족자, 그림틀
哑	啞	yā/yǎ	아	벙어리, 까마귀소리	罚	罰	fá	벌	죄, 형벌
显	顯	xiǎn	현	나타나다, 보이다	峤	嶠	jiào/qiáo	교	산길
哒	噠	dā/tà	달	오랑캐이름	贱	賤	jiàn	천	천하다, 값이 싸다
哓	嘵	xiāo	효	두려워하다	贴	貼	tiē	첩	붙이다
哔	嗶	bì	필	울다	贶	貺	kuàng	황	주다, 하사하다
贵	貴	guì/guǐ	귀	귀하다, 신분이 높다	贻	貽	yí	이	전하다, 남기다, 증여하다
虾	蝦	xiā/xià/há	하	새우, 두꺼비				[丿]	
蚁	蟻	yǐ	의	개미	钘	鈃	xíng/jiān	견·형	(목이 긴 술병)술그릇
蚂	螞	mǎ/mā/mà	마	말거머리	钙	鈣	gài	개	칼슘
虽	雖	suī	수	비록, 그러나	钚	鈈	pī	비	날있는 창, 플루토늄
骂	罵	mà	매	욕하다, 꾸짖다	钛	鈦	tài	태	티타늄
哕	噦	yuě/huì	홰	새소리, 구토할 때 나는 소리	钇	釔	yé	야	칼이름
剐	剮	guǎ	과	살을 발라내다	钝	鈍	dùn	둔	무디다 둔하다 어리석다
郧	鄖	yún	운	나라이름, 땅이름	钞	鈔	chāo/chào	초	노략질하다, 약탈하다
勋	勳	xūn	훈	공훈, 勲의 古字	钟	鐘	zhōng	종	종, 쇠북

❖ 중국에 가실 때는 간자사전이 꼭 필요합니다.

简체	繁체	병음	한국어 뜻	简체	繁체	병음	한국어 뜻
钟	鍾	zhōng	종 종, 쇠북	复	複	fù	복 겹옷, 솜옷, 겹치다
钡	鋇	bèi	패 쇠뭉치, 바륨	复	覆	fù	복 뒤집히다, 반전하다
钢	鋼	gāng/gàng	강 강철	笃	篤	dǔ	독 도탑다, (병)심하다
钠	鈉	nà/ruì	납 메, 쇠붙이, 나트륨	俦	儔	chóu	주 무리, 짝, 벗
钥	鑰	yào/yuè	약 자물쇠, 빗장	俨	儼	yǎn	엄 의젓하다, 공손하다
钦	欽	qīn	흠 공경하다	俩	倆	liǎ/liǎng	량 두개, 두사람 재주
钧	鈞	jūn	균 서른근(무게) 동등하게	俪	儷	lì	려 나란히하다, 짝, 부부
钤	鈐	qián	검 비녀장, 자물쇠, 도장	贷	貸	dài	대 빌려주다
钨	鎢	wù	오 작은 가마솥	顺	順	shùn	순 순하다, 도리를 따르다
钩	鉤	gōu	구 갈고리	俭	儉	jiǎn	검 검소하다, 흉작
钪	鈧	kàng	항 스칸듐	剑	劍	jiàn	검 칼
钫	鈁	fāng/pī	방 되그릇, 네모난 술그릇	鸧	鶬	cāng/qiāng	창 재두루미, 꾀꼬리
钬	鈥	huǒ	화 홀뮴	须	須	xū	수 모름지기, 마땅히
钭	鈄	dòu/tǒu	두 성씨	须	鬚	xū	수 수염
钮	鈕	niǔ/chǒu	뉴 인(印)꼭지, 성씨	胧	朧	lóng	롱 흐리다, 분명치 않다
钯	鈀	pá	파 병거, 팔라듐	胨	腖	dòng	동 고기, 펩톤(peptone)
毡	氈	zhān	전 모전(털로 짠 모직물,양탄자 등)	胪	臚	lú/lǘ	려 살갗, 가죽
氢	氫	qīng	경 수소	胆	膽	dǎn	담 쓸개
选	選	xuǎn	선 고르다, 가리다	胜	勝	shèng/shēng	승 이기다, 뛰어나다
适	適	shì	적 알맞다	胫	脛	jìng	경 정강이
种	種	zhǒng/zhòng	종 씨(동·식물의 씨), 근본	鸨	鴇	bǎo	보 능에, 너새, 오총이
秋	鞦	qiū	추 그네, 밀치끈	狭	狹	xiá	협 좁다, 가파르고 좁다
复	復	fù	복 다시, 거듭	狮	獅	shī	사 사자

独	獨	dú	독 홀로, 단독		疯	瘋	fēng	풍	미치광이
狯	獪	kuài	회 교활하다		亲	親	qīn/qìng	친	친하다, 어버이
狱	獄	yù	옥 옥(감옥)		飒	颯	sà	삽	바람소리
狲	猻	sūn	손 원숭이		闺	閨	guī	규	협문, 규방
贸	貿	mào	무 바꾸다, 무역하다		闻	聞	wén	문	듣다, 소식, (냄새를)맡다
饵	餌	ěr	이 먹이, 먹다		闼	闥	tà	달	(작은)문
饶	饒	ráo	요 넉넉하다		闽	閩	mǐn	민	오랑캐 이름
蚀	蝕	shí	식 좀먹다		闾	閭	lǘ	려	이문, 마을 어귀
饷	餉	xiǎng	향 (술, 음식)보내다, (급료)지급		闿	闓	kǎi/kāi/kài	개	기뻐하다, 열다
饸	餄	hé	협 떡, 틀국수		阀	閥	fá	벌	집안의 지체, 문벌
饹	餎	le	락 협락		阁	閣	gé/gǎo	각	다락집, 누각
饺	餃	jiǎo	교 경단, 만두		挣	掙	zhèng	쟁	발버둥치다, 애를쓰다
饻	餏	yī	의 화폐 계산 단위		阂	閡	hé	애	(문이)막히다, 두절
饼	餅	bǐng	병 떡		养	養	yǎng	양	기르다, 사육하다
[丶]					姜	薑	jiāng	강	생강, 새앙
峦	巒	luán	만 뫼		类	類	lèi	류	무리, 일족, 종류
弯	彎	wān	만 굽어지다		娄	婁	lóu	루	속이 비다, 허약하다
孪	孿	lián	산·련 쌍둥이		总	總	zǒng/cōng	총	모으다, 합치다, 총괄하다
娈	孌	lián	련 아름다울, 순종하다		炼	煉	liàn	련	달구다, 정제하다
将	將	jiāng/jiàng	장 장차, 거느리다, 장수, 원하다		炽	熾	chì	치	성하다, 불길이 세다
奖	獎	jiǎng	장 권면하다, 장려하다		烁	爍	shuò	삭	빛나다
疬	癧	lì	력 연주창		烂	爛	làn	란	문드러지다
疮	瘡	chuāng	창 부스럼, 종기, 상처		烃	烴	tīng	경	데우다, 탄화수소

❖ 중국에 가실 때는 간자사전이 꼭 필요합니다.

洼	窪	wā	와 웅덩이, 맑은물, 洼와 同字		恼	惱	nǎo	뇌 괴로워하다, 괴로움
洁	潔	jié	결 깨끗하다, 품행이 바르다		恽	惲	yùn	운 중후하다, 무겁다
洒	灑	sǎ	쇄 (물을)뿌리다		举	擧	jǔ	거 들다, 거동하다
挞	撻	tà	달 미끄럽다		觉	覺	jué/jiào	각 깨닫다, 터득하다 느끼다
浃	浹	jiā	협 젖다, 널리 퍼지다		宪	憲	xiàn	헌 법
浇	澆	jiāo	요 물주다, 뿌리다, 경박하다		窃	竊	qiè	절 훔치다, 몰래하다
浈	湞	zhēn/chéng	정 물이름		诫	誡	jiè	계 경계하다, 경고하다
浉	溮	shī	사 물이름		诬	誣	wū	무 꾸미다, 속이다
浊	濁	zhuó	탁 흐리다, 더럽다		语	語	yǔ/yù	어 말, 말하다
测	測	cè	측 재다, 헤아리다		袄	襖	ǎo	오 웃옷, 저고리
浍	澮	kuài/huì	회 봇도랑, 강이름		诮	誚	qiào	초 꾸짖다, 책망하다
浏	瀏	liú	류 물이 맑다		祢	禰	nǐ	녜 성씨
济	濟	jì/jǐ	제 건너다, 맑게 하다		误	誤	wù	오 틀리다
浐	滻	chǎn	산 강이름		诰	誥	gào	고 고하다
浑	渾	hún	혼 흐리다, 물이 흐르다, 섞이다		诱	誘	yòu	유 꾀다, 유혹하다
浒	滸	xǔ/hǔ	호 물가, 땅 이름		诲	誨	huì	회 가르치다
浓	濃	nóng	농 짙다, 진하다		诳	誑	kuāng	광 속이다, 기만하다
浔	潯	xún	심 물가, 강이름		鸩	鴆	zhèn	짐 짐새(전설상 독있는 새)
浕	濜	jìn	진 급히 흐르다, 강이름		说	說	shuō/shuì/yuè	설·열 말하다, 설득하다, 기뻐하다
恸	慟	tòng	통 서럽게 울다		诵	誦	sòng	송 (소리내어)읽다, 암송하다
恹	懨	yān/yàn	염 편안하다		诶	誒	āi/ǎi/ē/ě	희 탄식하다, 한숨쉬다
恺	愷	kǎi	개 즐겁다, 화락하다				[→]	
恻	惻	cè	측 슬퍼하다, 진심을 다하다		垦	墾	kěn	간 개간하다, 깨지다

9획 ~ 10획

간체	번체	병음	한글	뜻	간체	번체	병음	한글	뜻
昼	晝	zhòu	주	낮(대낮)	绞	絞	jiāo	교	목매다, 꼬다, 비틀다
费	費	fèi/bì	비	쓰다, 소비하다	骇	駭	hài	해	놀라다, 두려워하다
逊	遜	xùn	손	겸손하다	统	統	tǒng	통	거느리다, 큰줄기
陨	隕	yǔn/yuán	운	떨어지다, 죽다	绗	絎	háng	행	바느질하다
险	險	xiǎn	험	험하다, 위험	给	給	gěi/jǐ	급	주다
贺	賀	hè	하	하례하다, 경축, 경사	绚	絢	xuàn	현	(무늬가 있어)아름답다
怼	懟	duì	대	원망하다, 원한을 품다	绛	絳	jiàng	강	진홍색, 땅이름
垒	壘	lěi	루	진(성채), 쌓다, 포개다	络	絡	luò/lào	락	그물, 경락, 감다
娅	婭	yà	아	동서	绝	絕	jué	절	끊다, 막다, 그만두다
娆	嬈	ráo/rǎo	요/뇨	아리땁다, 번거롭다					

10 획

[一]

간체	번체	병음	한글	뜻
娇	嬌	jiāo	교	아리땁다, 사랑스럽다
绑	綁	bǎng	방	동여매다, 묶다
绒	絨	róng	융	(사람, 동물의)융모
结	結	jié/jiē	결	매다, 묶다, 끝내다
绔	絝	kù	고	바지
骁	驍	xiāo	효	날래다, 용감하다
绕	繞	rào	요	두루다, 둘러싸다, 감다
绖	絰	dié	질	질
骄	驕	jiāo	교	교만하다, 버릇없다
骅	驊	huá	화	준마(駿馬)
绘	繪	huì	회	그림을 그리다
骆	駱	luò	락	낙타, 종족이름
骈	駢	pián	변	(두필의 말을)나란히 하다

艳	艷	yàn	염	곱다, 요염하다
顼	頊	xū	욱	사람이름
珲	琿	hún/huī	혼	옥 이름
蚕	蠶	cán	잠	누에
顽	頑	wán	완	완고하다, 어리석다
盏	盞	zhǎn	잔	잔
捞	撈	lāo	로	잡다, 건져내다
载	載	zài/zǎi	재	싣다
赶	趕	gǎn/qián/qué	간	달리다, 쫓다
盐	鹽	yán	염	소금, (소금에)절이다
埘	塒	shí	시	홰(닭장), 새가 깃드는 곳
损	損	sǔn	손	덜다, 줄다

❖ 중국에 가실 때는 간자사전이 꼭 필요합니다.

埙	塤	xūn	훈 질나팔, 壎과 同字	桡	橈	ráo/náo	요	(배의)노, 굽은 나무
埚	堝	guō	과 도가니	桢	楨	zhēn	정	광나무, 기둥(중요 인물)
捡	撿	jiǎn	검 단속하다, 줍다	档	檔	dàng	당	(서류를 보관하는)선반
贽	贄	zhì	지 폐백	桤	榿	qī	기	오리나무
挚	摯	zhì	지 잡다, 지극하다	桥	橋	qiáo	교	다리, 교량
热	熱	rè	열 열, 덥다	桦	樺	huà	화	자작나무, 벚나무
捣	搗	dǎo	도 (절굿공이로)찧(빻)다	桧	檜	guì/huì	회	노송나무, 관위의 장식
壶	壺	hú	호 병, 단지, 주전자	桩	樁	zhuāng	장	말뚝, (말뚝)박다
聂	聶	niè/yiè	섭 소곤거리다	样	樣	yàng	양	모양, 형상, 상태, 본보기
莱	萊	lái	래 명아주풀	贾	賈	gǔ/jiǎ/jià	가·고	장사
莲	蓮	lián	련 연꽃	逦	邐	lí	리	이어지다
莳	蒔	shì/shí	시 모종하다, 옮겨심다	砺	礪	lì	려	숫돌, 숫돌에 갈다
莴	萵	wō	와 상추	砾	礫	lì	력	조약돌, 자갈
获	獲	huò	획 얻다, (짐승을)잡다	础	礎	chǔ	초	주춧돌
	穫	huò	확 거두다, 거두어드리다	砻	礱	lóng	롱	맷돌, 연자방아, 매갈이
莸	蕕	yóu	유 누린내풀	顾	顧	gù	고	돌아보다, 응시하다
恶	惡	è/ě/wū/wù	악·오 악하다, 추하다, 증오	轼	軾	shì	식	수레앞턱 가로나무
	噁	ě/wū/wǔ	오 성냄 모양, 새소리	轾	輊	zhì	지	앞이 숙은 수레
劳	藭	qióng	궁 궁궁이, 미나리과에 딸린 여러해살이 풀	轿	轎	jiào	교	가마
莹	瑩	yíng	영 옥돌, 옥같이 밝고 깨끗하다	辂	輅	lù	로	수레(큰 수레)
莺	鶯	yīng	앵 꾀꼬리	较	較	jiào	교	견주다
鸪	鴣	gū	고 자고	鸫	鶇	dōng	동	지빠귀, 티티새
莼	蓴	chún	순 순채, 蓴과 同	顿	頓	dùn/dú	돈	조아리다

10획

趸	躉	dǔn	돈	거룻배, 작은배, 도매	鸯	鴦	yāng	앙	원앙, 원앙새의 암컷
毙	斃	bì	폐	넘어지다, 죽다	崂	嶗	láo	로	산 이름
致	緻	zhì	치	致=이루어지다, 緻=배다, 촘촘하다	崃	崍	lái	래	산 이름
		[丨]			罢	罷	bà	파	파하다, 그치다
龀	齔	chèn	츤	이를 갈다,	圆	圓	yuán	원	둥글다, 동그라미
鸬	鸕	lú	로	가마우지, 더펄새	觊	覬	jì/xì	기	넘겨보다, 바라다
虑	慮	lǜ	려	생각하다, 걱정하다	贼	賊	zéi	적	도둑, 해치다
监	監	jiān/jiàn	감	살피다	贿	賄	huì	회	뇌물을 받다(주다)
紧	緊	jǐn	긴	견고하다, 긴박하다	赂	賂	lù	뢰	뇌물주다, 뇌물, 재화
党	黨	dǎng	당	무리, 한동아리, 파벌	赃	贓	zāng	장	장물(훔친 물건)
唛	嘜	mǎ	마	음역자	赅	賅	gāi/gài	해	갖추다, 포괄하다
晒	曬	shài/shà/shì	쇄	(햇볕을)쬐다, 말리다	赆	贐	jìn/xìn	신	(전별할 때 주는)예물
晓	曉	xiǎo	효	새벽, 밝을 무렵			[丿]		
唝	嗊	gòng	홍	노래, 가곡	钰	鈺	yù	옥	보배, 보물, 단단한 금속
唠	嘮	láo/lào/liào	로	떠들썩하다	钱	錢	qián	전	돈, 동전
鸭	鴨	yā	압	오리	钲	鉦	zhēng	정	징
唡	啢	liǎng/yīng	량	온스	钳	鉗	qián	겸	칼, 집게, 칼을 씌우다
晔	曄	yè	엽	빛나다, 빛을 발하다	钴	鈷	gǔ/gū	고	다리미
晕	暈	yūn/yún/yùn	훈	(달, 해의)무리, 어지럽다	钵	鉢	bō	발	바리때(중의 밥그릇)
鸮	鴞	xiāo	효	부엉이, 수리부엉이	钶	鈳	kē	아	작은도끼, 콜롬븀
唢	嗩	suǒ	쇄	호적, 날나리	钷	鉕	pǒ	파	구리그릇, 프로메튬
喎	喎	guǒ/kuāi/wāi	괘·와	입이 삐뚤어지다	钹	鈸	bó/bà	발	동발(방울)
蚬	蜆	xiǎn	현	가막조개, 바지라기	钺	鉞	yuè	월	도끼

❖ 중국에 가실 때는 간자사전이 꼭 필요합니다.

简体	繁體	병음	훈음	简体	繁體	병음	훈음
钻	鑽	zuān/zuàn	찬 (구멍을)뚫다, 뚫는 기구	积	積	jī	적 쌓다, 쌓이다
钼	鉬	mù	목 몰리브덴	称	稱	chēng/chèn	칭 일컫다, 이르다, 부르다
钽	鉭	tǎn	단 탄탈	笕	筧	jiǎn	견 대홈통, 대나무이름
钾	鉀	jiǎ	갑 갑옷	笔	筆	bǐ	필 붓, 쓰다
铀	鈾	yóu	유 우라늄	债	債	zhài	채 빚(부채), 빌리다
钿	鈿	diàn/tián	전 비녀, 동전, 비용	借	藉	jiè/jí	자 (자리)깔다, 빌리다
铁	鐵	tiě	철 쇠, 철	倾	傾	qīng	경 기울어지다
铂	鉑	bó	박 금박	赁	賃	lìn	임 품팔이, 세내다
铃	鈴	líng	령 방울	颀	頎	qí/kěn	기 헌걸차다
铄	鑠	shuò	삭 (금속)녹이다, 달구다	徕	徠	lái/lài	래 오다(來의 古字), 위로하다
铅	鉛	qiān/yán	연 납, 흑연	舰	艦	jiàn	함 싸움배, 군함
铆	鉚	liǔ	유 쇠, 질이 좋은 쇠	舱	艙	cāng	창 선창, 선실
铈	鈰	shì	시 세륨	耸	聳	sǒng	용 (높이)치솟다
铉	鉉	xuàn	현 솥 귀고리	爱	愛	ài	애 사랑하다
铊	鉈	tā/tuó	사 짧은 창, 탈륨	鸰	鴒	líng	령 할미새
铋	鉍	bì	필 창의 자루	颁	頒	bān	반 나누다, 반포하다
铌	鈮	ní	니 니오브	颂	頌	sòng	송 기리다, 칭송하다
铍	鈹	pī	피 바늘, 대침	脍	膾	huì	회 회, 회치다
铍	鏺	pō/bō	발 (낫 등으로)베다	脏	臟	zàng/zāng	장 오장, 내장
铎	鐸	duó	탁 방울, 풍경		髒	zāng/zàng/zàng	장 몸이 더럽다
氩	氬	yà	아 아르곤	脐	臍	qí	제 배꼽
牺	犧	xī	희 희생	脑	腦	nǎo	뇌 뇌, 뇌수
敌	敵	dí	적 원수, 상대방	胶	膠	jiāo	교 갖풀, 끈끈하다

10획

简	繁	音	훈		简	繁	音	훈
脓	膿	lóng	농 고름, 곪다		准	準	zhǔn	준 수준기(水準器), 표준
鸱	鴟	chī	치 소리개, 올빼미		离	離	lí	리 떼놓다, 갈라지다
玺	璽	xǐ	새 옥새 또는 국새(도장)		颃	頏	háng	항 내려가다
鱽	魛	dāo	도 웅어		资	資	zī	자 재물, 밑천
鸲	鴝	qú	구 구욕새, 구관조		竞	競	jìng	경 겨루다, 경기하다
猃	獫	xiǎn	험 오랑캐 이름, 사냥개		闿	闓	kǔn	곤 문지방
鸵	鴕	tuó	타 타조		闾	閭	chuài	온 걷어 모으다(곡식, 돈)
袅	裊	niǎo	뇨 간드러지다, 하늘하늘하다		阉	鬮	guī	구 제비, 추첨
鸳	鴛	yuān	원 원앙, 원앙새의 수컷		阅	閱	yuè	열 검열하다, 조사하다, 열람
皱	皺	zhòu	추 주름(살), 찌푸리다		阆	閬	láng/làng	랑 높고 큰 모양
饽	餑	bō	발 떡		郸	鄲	dān	단 조나라 서울, 지명
饿	餓	è	아 주리다, 굶기다		烦	煩	fán	번 괴로워하다, 답답하다
馁	餒	něi	뇌 굶주리다		烧	燒	shāo	소 불사르다, 불태우다
		[丶]			烛	燭	zhú	촉 촛불, 등불, 화톳불
栾	欒	luán	란 모감주나무 이름		烨	燁	yè	엽 빛나다, 불빛, 밝다
挛	攣	luán	련 오그라지다		烩	燴	huì	회 여러 가지를 모아 끓이다
恋	戀	liàn/lián	련 사모하다, 그리움		烬	燼	jìn	신 타다가 남은 찌꺼기
桨	槳	jiǎng	장 상앗대		递	遞	dì	체 갈마들다, 건네다, 순서로
浆	漿	jiāng	장 미음, 마실것, 음료		涛	濤	tāo	도 큰물결, 물결치다
症	癥	zhēng	징 적취(병)		涝	澇	lào	로 큰물결, 비에 침수
痈	癰	yōng	옹 악창, 등창		涞	淶	lái	래 강이름, 고을이름
斋	齋	zhāi	재 재계하다		涟	漣	lián	련 물결, 눈물이 계속 흐르는
痉	痙	jìng	경 심줄이 땅기다, 경련을 일으키다		涠	潿	wéi	위 웅덩이, 지명

❖ 중국에 가실 때는 간자사전이 꼭 필요합니다.

简	繁	병음	뜻		简	繁	병음	뜻
涢	溳	yún/yǔn	운 강이름		祯	禎	zhēn	정 상서롭다(복, 행복 등)
涡	渦	wō/guō	와 소용돌이, 보조개		课	課	kè	과 수업하다, 세금을 매기다
涂	塗	tú	도 진흙, 칠하다		诿	諉	wěi	위 핑계하다(덮어씌우다)
涤	滌	dí	척 씻다, 빨다, 헹구다		谀	諛	yú	유 아첨하다
润	潤	rùn	윤 윤택하다, 적시다		谁	誰	shéi/shuí	수 누구, 어떤 사람
涧	澗	jiàn	간 산골물, 계곡		谂	諗	shěn	심 간하다, (상세히)알다
涨	漲	zhǎng	창 붇다(물에 불었다), 충혈되다		调	調	diào/tiáo	조 고르다, 조절하다
烫	燙	tàng	탕 데우다, 다리미질하다		谄	諂	chǎn	첨 아첨하다, 알랑거리다
涩	澁	sè	삽 떫다, 말을 더듬다, 澀과 同字		谅	諒	liàng/liáng	량 믿다, 진실, 이해하다
悭	慳	qiān	간 아끼다, 인색하다		谆	諄	zhūn	순 (간곡히)타이르다
悯	憫	mǐn	민 불쌍하게 여긴다		谇	誶	suì	수 꾸짖다
宽	寬	kuān	관 너그럽다, 넓다		谈	談	tán	담 말씀, 언론, 말하다
宾	賓	bīn	빈 손, 손님, 손으로 대우하다		谊	誼	yì	의 옳다, 우의
窍	竅	qiào	규 (몸에 있는)구멍		谉	讅	shěn	심 자세히 살피다, 審과 同字
窎	窵	diào	조 아득히 멀다		[ㄱ]			
请	請	qǐng	청 청하다		恳	懇	kěn	간 정성, 성심, 간절하다
诸	諸	zhū	제 모두, 여러가지		剧	劇	jù	극 심하다, 연극
诹	諏	zōu	추 묻다(의논, 자문)		娲	媧	wā	외·과·괘·왜 사람 이름
诺	諾	nuò	낙 대답하다, 승낙하다		娴	嫻	xián	한 우아하다, 익숙하다, 嫺과 同字
诼	諑	zhuó	착 헐뜯다		难	難	nán/nàn/nuó	난 어렵다, 재앙
读	讀	dú/dòu	독 읽다		预	預	yù	예 미리, 참여하다
诽	誹	fěi	비 헐뜯다, 비방하다		绠	綆	gěng/bǐng	경 두레박줄
袜	襪	wà/mò	말 버선, 양말		骊	驪	lí	여 가라말(검은 말)

简	簡	xiāo	초 생사, 생명주(실)	掸	撣	dǎn/shàn	탄 손에들다, 가지다
骋	騁	chěng	빙 말을 달리다, 내달리다	壸	壼	kǔn	곤 대궐 안길
绢	絹	juàn	견 명주, 견직물	悫	愨	què	각 성실하다
绣	綉	xiù	수 수놓다	据	據	jù/jū	거 의거하다, 의지하다
验	驗	yàn	험 증험하다, 효능	掺	摻	chān/càn/shān	삼 잡다, 가지다
绥	綏	suí	수 편안하다	掼	摜	guàn	관 던지다, 내던지다
绦	絛	tāo	조 끈 또는 띠(여러가닥으로 딴 납작한 것)	职	職	zhí	직 벼슬, 관직, (직무)다스리다
继	繼	jì	계 이을, 잇다, 이어나가다	聍	聹	níng	녕 귀지
绨	綈	tí,tì	제 명주, 깁(두터운 비단)	箨	籜	tuò	탁 대껍질(죽순)
骎	駸	qīn	침 (말이)달리다	勩	勩	yì	예 수고롭다
骏	駿	jùn	준 준마, 뛰어난 사람	萝	蘿	luó	라 무, 미나리
鸶	鷥	sī	사 해오라기	萤	螢	yíng	형 개똥벌레, 반디
				营	營	yíng	영 경영할, 짓다, 만들다

11획

[一]

				萦	縈	yíng	영 얽히다, 휘감다
焘	燾	dào/tāo	도 덮다	萧	蕭	xiāo	소 맑은 대쑥, 쓸쓸하다
琎	璡	jīn	진 옥돌	萨	薩	sā	살 보살
琏	璉	liǎn	련 호련(종묘제기의 하나)	梦	夢	mèng	몽 꿈, 꿈꾸다
琐	瑣	suǒ	쇄 자질구레하다, 세분하다	觋	覡	xí	격 박수(남자무당)
麸	麩	fū	부 밀기울	检	檢	jiǎn	검 검사하다
掳	擄	lǔ	로 노략질하다, 빼앗다	棂	欞	líng	령 격자로 된 창, 欞과 同字
掴	摑	guó	괵 치다(손바닥으로)	啬	嗇	sè	색 아끼다, 인색하다
鸷	鷙	zhì	지 맹금, 사납다	匮	匱	kuì/guì	궤 함, 궤짝, 다하다
掷	擲	zhì	척 던지다	酝	醞	yùn/yǔn	온 (술을)빚다, 담그다

❖ 중국에 가실 때는 간자사전이 꼭 필요합니다.

11획

厣	厴	yàn	염 조개껍질(동그란 뚜껑껍질)	跃	躍	yuè	약 뛰다, 뛰어오르다
硕	碩	shuò	석 크다	啮	嚙	niè	교 깨물다
硖	硤	xiá	협 고을이름	跄	蹌	qiàng/qiāng	창 춤추다, 비틀거리다
硗	磽	qiāo	교 (땅)메마르다	砺	礪	lì	려 숫돌, (칼을)갈다
硙	磑	wèi/wéi	애 맷돌, 쌓다	蛊	蠱	gǔ	고 독, 독벌레
硚	礄	qiáo/jiāo	교 땅이름	蛏	蟶	chē-ng	정 긴맛, 맛조개
鸸	鴯	ér	이 제비	累	纍	léi	루·류 묶다, 포개다, 쌓이다
聋	聾	lóng	롱 귀머거리, 어리석다	啸	嘯	xiāo	소 휘파람불다, (바람)소리, (짐승, 새 등이)길게 우는 소리
龚	龔	gōng	공 성씨	帻	幘	zé	책 두건, 머리띠
袭	襲	xí	습 엄습하다, 입다, 계승하다	崭	嶄	zhǎn	참 가파르다(높고 험하다)
鴷	鴷	liè	열 딱따구리	逻	邏	luó	라 순행하다, 돌다
殒	殞	yǔn	운 죽다, 떨어지다	帼	幗	guó/guāi	괵 머리장식
殓	殮	liàn	염 염하다	赈	賑	zhèn	진 구하다(구휼)
赉	賚	lài	뢰 주다, 하사하다	婴	嬰	yīng	영 갓난아이, 젖먹이
辄	輒	zhé	첩 문득, 갑자기	赊	賒	shē	사 외상으로 사다(팔다)
辅	輔	fǔ	보 돕다, 보좌하다			[ノ]	
辆	輛	liàng	량 수레, 수레의 대수	铏	鉶	xíng	형 국그릇, 제기
堑	塹	qiàn/jiǎn	참 해자, 참호, 구덩이	铐	銬	kào	고 쇠고랑, 수갑
		[丨]		铑	銠	lǎo	로 로듐
颅	顱	lú	로 두개골	铒	鉺	ěr	이 갈고랑
啧	嘖	zé	책 외치다, 말다툼하다	铓	鋩	máng	망 봉망(타악기)
悬	懸	xuán	현 매달다, 늘어지다	铕	銪	yǒu	유 유로퓸
啭	囀	zhu-án	전 지저귀다	铗	鋏	jiá	협 부젓가락, 집게

简체	繁체	병음	뜻	简체	繁체	병음	뜻
铙	鐃	náo/nào	요 징, 바라	铲	鏟	chǎn/chàn	산 대패, 깎다
铛	鐺	dāng/tāng	당 종고소리(금속을 치는)	铳	銃	chòng	총 총
铝	鋁	lǚ	려 줄, 알루미늄	铵	銨	ān	안 암모늄
铜	銅	tóng	동 구리	银	銀	yín	은 은
铞	銱	diào	조 걸쇠	铷	銣	rú	여 루비듐
铟	銦	yīn	인 인듐	矫	矯	jiǎo/jiáo	교 바로잡다 곧게 바로하다
铠	鎧	kǎi	개 갑옷	鸹	鴰	guā	괄 재두루미
铡	鍘	cà	찰 작도, (여물, 풀 등을)썰다	秽	穢	huì	예 더럽다, 추잡하다
铢	銖	zhū	수 무게의 단위	笺	箋	jiān	전 부전, 주해(註解)
铣	銑	xiǎn/xǐ	선 무쇠, 끌다	笼	籠	lóng/lǒng	롱 대그릇, 삼태기
铥	銩	diū	주 툴륨(thulium)	笾	籩	biān	변 제기이름
铤	鋌	dìng	정 광석	偾	僨	fèn	분 넘어지다
铧	鏵	huá	화 가래, 보습	鸺	鵂	xiū	휴 수리부엉이
铨	銓	quán	전 저울질하다, 선발하다	偿	償	cháng	상 갚다, 보상
铩	鎩	shā/shài	쇄·살 창(긴 창)	偻	僂	lóu/lǚ	루 구부리다, 곱사등이
铪	鉿	hā	협 하프늄	躯	軀	qū	구 몸, 신체
铫	銚	diào/yáo	요 쟁개비, 남비, 가래	皑	皚	ái	애 희다, 서리나 눈의 흰빛
铭	銘	míng	명 새기다	衅	釁	xìn	흔 피를 바르다, 틈, 사이
铬	鉻	gè	락 크롬, 니크롬	鸻	鴴	xíng	행 참새, 물떼새
铮	錚	zhēng/zhèng	쟁 쇳소리, 윤이 난다	衔	銜	xián	함 재갈, 입에 머금다
铯	銫	sè	색 세슘(caesium)	舻	艫	lù	로 이물(뱃머리)
铰	鉸	jiǎo	교 가위, (가로로)자르다	盘	盤	pán	반 소반, 대야, 대, 밑받침
铱	銥	yī	의 이리듐	鸼	鵃	zhōu/zháo	주 멧비둘기

❖ 중국에 가실 때는 간자사전이 꼭 필요합니다.

龛	龕	kān	감 감실, 배경	阌	閿	wén	문	땅 이름
鸽	鴿	gē	합 집비둘기	阍	閽	hūn	혼	문지기
敛	斂	liǎn	렴 거두어드리다, 모으다	阎	閻	yán	염	마을어귀에 세운 문
领	領	lǐng	령 거느리다, 옷깃, 목	阏	閼	è/yān	알	가로막다
脶	腡	luó	라 손금, 지문	阐	闡	chǎn	천	열다, 상세히 설명
脸	臉	liǎn/jiǎn	검 뺨, 얼굴	羟	羥	kēng/qiǎn	간	양 이름, 水酸基
猎	獵	liè	렵 사냥하다, 잡다	盖	蓋	gài/gě	개	덮다, 덮개, 뚜껑
猡	玀	luó	라 오랑캐이름	粝	糲	lì	려	매조미쌀(현미)
猕	獼	mí	미 원숭이	断	斷	duàn	단	끊다, 절단하다
馃	餜	guǒ	과 떡, 밀경단	兽	獸	shòu	수	짐승
馄	餛	hún	혼 만두	焖	燜	mèn	민	뜸들이다
馅	餡	xiàn/kàn	함 소(떡, 만두 속에 넣는)	渍	漬	zì	지	담그다, 적시다
馆	館	guǎn	관 객사	鸿	鴻	hóng	홍	큰기러기, 크고 넓다
[丶]				渎	瀆	dú	독	도랑, 하수도, 더럽히다
鸾	鸞	luán	란 난새	渐	漸	jiàn/jiān	점	점점, 차차
庼	廎	qǐng	경 작은 마루	渑	澠	miǎn	민·승	고을이름
痒	癢	yǎng	양 가렵다, 간지럽다	渊	淵	yuān	연	(깊은)못
鹆	鵁	jiāo	교 해오라기	渔	漁	yú	어	물고기를 잡다
镟	鏇	xuàn/xuán	선 선반, (선반 등에)돌려 깎다	淀	澱	diàn	전	앙금, 찌꺼기
阈	閾	yù	역 문지방	渗	滲	shèn	삼	스며들다, 배어나오다
阉	閹	yān	엄 내시, 환관, 거세하다	惬	愜	qiè	협	쾌하다(만족)
阊	閶	chāng	창 문	惭	慚	cán	참	부끄러워하다
阋	鬩	xì	혁 다투다, 鬩의 俗子	惧	懼	jù	구	두려워하다, 겁내다

简체	繁체	병음	한국어 뜻
惊	驚	jīng	경 놀라다, 두렵다
惮	憚	dān	탄 꺼리다, 삼가다
惨	慘	cǎn	참 참혹하다, 무자비하다
惯	慣	guàn	관 버릇, 익숙하다
祷	禱	dǎo	도 빌다
谌	諶	chén	심 참, 진실, 참으로
谋	謀	móu	모 꾀하다, 모색하다
谍	諜	dié	첩 염탐하다
谎	謊	huǎng	황 잠꼬대, 거짓 誆의 俗字
谏	諫	jiàn	간 간하다, 간하는 말
皲	皸	jūn	군 (손발이)얼어서 터짐
谐	諧	xié	해 어울리다, (일이)타협되다
谑	謔	xuè	학 희롱하다
裆	襠	dāng	당 잠방이
祸	禍	huò	화 재앙, 재난
谒	謁	yè	알 뵙다, 알현하다
谓	謂	wèi	위 이르다, 일컫다, 말하다
谔	諤	è	악 곧은 말을 하다
谕	諭	yù	유 (아랫사람에게)깨우치다
谖	諼	xuān	훤 속이다, 잊어버리다
谗	讒	chán	참 헐뜯다
谘	諮	zī	자 묻다, 자문하다
谙	諳	ān	암 외다, 익숙하다,

简	繁	병음	한국어 뜻
谚	諺	yàn	언 상말, 속된말
谛	諦	dì	체 살피다
谜	謎	mí/mèi	미 수수께끼
谝	諞	piǎn	편 말을 잘하다
谞	諝	xū	서 슬기롭다
弹	彈	dàn/tán	탄 탄알, 쏘다, 튕기다
堕	墮	duò/huī	타 떨어지다, 무너지다
随	隨	suí	수 따르다
粜	糶	chàn	조 쌀을 내어팔다
隐	隱	yǐn	은 숨기다, 가리다
媛	嬡	huà	획 안존하다
婵	嬋	chán	선 곱다
婶	嬸	shěn	심 숙모(작은 어머니)
颇	頗	pō	파 치우치다, 자못, 매우
颈	頸	jǐng/gěng	경 목
绩	績	jī	적 (실을)잣다, 뽑다, 공적
绪	緒	xù	서 실마리, 단서, 시초
绫	綾	líng	릉 비단
骐	騏	qí	기 검푸른 말
续	續	xù	속 잇다
绮	綺	qǐ	기 비단, (생각)아름답다
骑	騎	qí	기 (말을)타다

❖ 중국에 가실 때는 간자사전이 꼭 필요합니다.

11획~12획

绯	緋	fēi	비 붉은빛, 주홍색		琼	瓊	qió-ng	경 (아름다운)옥
绰	綽	chuò/chāo	작 너그럽다, 움켜잡다		辇	輦	niǎn	련 손수레, (손수레)끌다, 태우다
骒	騍	kè	과 암말		鼋	黿	yuán	원 자라
绲	緄	gǔn	곤 띠, 새끼		趋	趨	qū	추 달리다, 빨리 가다
绳	繩	shé-ng	승 줄, 새끼, 밧줄		揽	攬	lǎn	람 잡을, 손에 쥐다
骓	騅	zhuī	추 오추마(검푸른털에 흰털이 섞인 말)		颉	頡	xié/jié	힐 (새가)날아오르다
维	維	wéi	유 바, 밧줄, 매다, 묶어놓다		揿	撳	qìn	근 (손으로)누르다
绵	綿	mián	면 솜, 끊임없다		搀	攙	chān/chán/chàn	참 찌르다, 돕다
绶	綬	shòu	수 인끈(실을 땋은 끈)		蛰	蟄	zhé	칩 숨다, (동물의)겨울잠
绷	繃	bēng/běng/bèng	붕 묶다(끈을 잡아당겨)		絷	縶	jí	집 (고삐를)매다, 가두다
绸	綢	chóu	주 명주, 비단		搁	擱	gē/gé	각 놓다
绺	綹	liǔ	유 실타래		搂	摟	lǒu/lōu	루 끌어모으다, 껴안다
绻	綣	quǎn	권 정답다		搅	攪	jiǎo	교 어지럽다, 뒤섞다
综	綜	zōng/zèng	종 잉아(베틀에 달린 줄), (한데)모으다		联	聯	lián	련 잇다, 연결하다
绽	綻	zhàn	탄 (옷이)터지다		蒇	蕆	chǎn	천 갖추다
绾	綰	wǎn	관 감아서 얽다		蒉	蕢	kuì	괴·궤 삼태기, 흙덩이
绿	綠	lǜ/lù	록 초록빛		蒋	蔣	jiǎng	장 나라 이름
骖	驂	cān/cǎn	참 곁마		蒌	蔞	lóu	루 산쑥
缀	綴	zhuì	철 꿰메다, 얽어매다		韩	韓	hán	한 나라이름
缁	緇	zī	치 (비단의)검은 빛		椟	櫝	dú	독 함, (나무로 짠)궤
12 획					椤	欏	luó/luǒ/luò	라 돌배나무
[一]					赍	賫	jī	재 주다, 보내다, 돕다
靓	靚	jìng	정 단장하다, 화장하다		椭	橢	tuǒ	타 둥글고 길쭉하다, 타원형

繁	简	병음	훈음		繁	简	병음	훈음
鵓	鹁	bó	발 집비둘기		噴	喷	pēn/pèn	분 뿜다, 내뿜다
鸝	鹂	lí	리 꾀꼬리		疇	畴	chóu	주 밭두둑, 경계, 밭
覿	觌	dí/dú	적 보다, 만나다		踐	践	jiàn	천 밟다, 실천하다
鹼	硷	jiān	감 소금기, 잿물		遺	遗	yí/wèi	유 끼치다, (후세에)전하다, 잃다
確	确	què	확 정확하다, 굳다		蛺	蛱	jiá	협 호랑나비, 나비
讋	詟	shè/tà/zhé	섭 두려워하다, 꺼리다		蟯	蛲	náo	요 요충
殫	殚	dān	탄 다하다, 다 없어지다		蛳	螄	sī	사 다슬기
頰	颊	jiá	협 뺨, 볼		蠐	蛴	qí	제 굼벵이
靂	雳	lì	력 벼락, 천둥		鵑	鹃	juān	견 두견이, 접동새
輥	辊	gǔn	곤 빨리 구르다		嘍	喽	lóu/lòu	루 도둑
輞	辋	wǎng	망 수레바퀴의 테		嶸	嵘	róng	영 가파르다
槧	椠	qiàn	참 판본(版本), 편지, 문서		嶔	嵚	qīn	금 (산이)높고 험하다
暫	暂	zàn	잠 잠시(짧은 시간)		嶁	嵝	lǒu	루 산꼭대기, 산봉우리
輟	辍	chuò	철 그치다		賦	赋	fù	부 구실, 부여하다
輜	辎	zī	치 짐수레		賭	赌	dǔ	도 걸다, 승부에 금품을 걸다
翹	翘	qiáo/qiào	교 발돋음, 긴 꼬리 깃털		賵	赗	qíng	청·정 (재산, 상속을)받다
[丨]					贖	赎	shú	속 속 바치다
輩	辈	bèi	배 무리, 동류, 동아리		賜	赐	cì	사 주다, 하사하다
鑿	凿	záo	착 끌(구멍 뚫는 도구), 뚫다		賙	赒	zhōu	주 도와 주다(나누어 주다)
輝	辉	huī	휘 빛나다, 광채		賠	赔	péi	배 물어주다, 배상하다
賞	赏	shǎng	상 상(을 주다)		賧	赕	dǎn	탐 속 바치다, 받들다
睞	睐	lài/lái	래 곁눈지 하다		[丿]			
瞼	睑	jiǎn	검 눈꺼풀		鑄	铸	zhù	주 쇠를 부어 만들다(주물)

❖ 중국에 가실 때는 간자사전이 꼭 필요합니다.

铹	鐒	láo	로 화살, 로렌슘	锓	鋟	qǐn	침 새기다(조각)
铺	鋪	pū/pù	포 펴다, 늘어놓다, 가게	锔	鋦	jū/jú	국 꺾쇠, 갈지자형, 퀴륨
铗	鋏	jiá	협 부젓가락(집게), 가위	锕	錒	ā	아 가마솥, 악티늄
铽	鋱	tè	특 테르븀	犊	犢	dú	독 송아지
链	鏈	liàn/lián	련 쇠사슬	鹄	鵠	hú/gǔ	곡 고니, 백조
铿	鏗	gēng	갱 금속소리	鹅	鵝	é	아 거위
销	銷	xiāo	소 (금속)녹이다, 지우다	赪	頳	chēng	정 곧다, 바르다
锁	鎖	suǒ	쇄 쇠사슬, 자물쇠	筑	築	zhù	축 쌓다, 구축하다
锃	鋥	zèng	정 칼날을 세우다	筚	篳	bì	필 울타리, 사립문
锄	鋤	chú	서 호미, 김매다, 없대다	筛	篩	shāi	사 체, (체로)치다
锂	鋰	lǐ	리 리튬	牍	牘	dú	독 편지, 책, 문서, 木簡
锅	鍋	guō	과 노구솥, 냄비, 가마	傥	儻	dǎng	당 혹시(만일)…이라면
锆	鋯	gào	고 지르코늄	傧	儐	bīn	빈 인도하다(안내)
锇	鋨	é	철 오스뮴	储	儲	chǔ	저 쌓다, 태자, 세자
锈	銹	xiù	수 녹슬다	傩	儺	nuó	나 잡귀신, 역귀를 쫓다
锉	銼	cuò	좌 줄	惩	懲	chéng	징 벌주다, 응징
锋	鋒	fēng	봉 칼날, 날카롭다 선봉	御	禦	yù	어 막다, 저지하다
锌	鋅	xīn	자 강하다, 아연	颌	頜	gé/hé	합 턱
锎	鐦	jué	개 수레굴대, 칼리포르늄	释	釋	shì	석 풀다, 해석하다
锏	鐧	jiǎn/jiàn	간 수레굴대, 鐗과 同字	鸲	鴝	yù	욱 구관조(구욕새)
锐	銳	ruì	예 날카롭다, 예민하다	腊	臘	là	랍 납향, 섣달
锑	銻	tī	제 구슬 이름, 안티몬	腘	膕	guó	곡 오금
锒	鋃	láng	랑 사슬, 종소리	鱿	魷	yóu	우 오징어

40 12획

번체	간체	병음	훈음
魯	鲁	lǔ	로 미련하다, 나라이름
魴	鲂	fáng	방 방어
穎	颖	yǐng	영 강이름
颶	飓	jù	구 구풍, 허리케인
觴	觞	shāng	상 술잔
憊	惫	bèi	비 고달프다, 피곤하다
餷	馇	chā/zha	사 저으며 끓이다(짐승의 사료)
饋	馈	kuì	궤 드리다, 올리다
餶	馉	gǔ	골 고기만두
餿	馊	sōu	수 (음식이)쉬다
饞	馋	chán	참 탐하다, 게걸스럽다

[丶]

번체	간체	병음	훈음
褻	亵	xiè	설 더럽다, 친압하다, 속옷
裝	装	zhuāng	장 (복장, 화장, 치장 등을)차리다, 꾸미다
蠻	蛮	mán	만 오랑캐
臠	脔	lián	련 저민고기
癆	痨	láo/lào	로 폐결핵
癇	痫	xián	간 경풍, 癎과 同字
賡	赓	gēng	갱 잇다, 계승하다
頦	颏	kē/ké	해 턱, 아래턱
鷳	鹇	xián	한 흰꿩, 소리개, 鷼과 同字
闌	阑	lán/làn	란 늦다, 가로막다
闃	阒	jí	격 고요하다

번체	간체	병음	훈음
闊	阔	kuò	활 트이다, 넓다, 너비
闋	阕	què	결 끝나다, 마치다
糞	粪	fèn	분 똥(대변), 제거하다
鵜	鹈	tí	제 사다새
竄	窜	cuàn	찬 달아나다
窩	窝	wō	와 움집, 소굴, 우묵한 곳
嚳	喾	kù	곡 고대중국의 제왕
憤	愤	fèn	분 결개하다, 성내다
憒	愦	kuì	궤 심란하다, 어지럽다
滯	滞	zhì	체 막히다
濕	湿	shī	습 축축하다, 습기
潰	溃	kuì/huì	궤 무너지다, 둑이 터지다
濺	溅	jiān	천 흩뿌리다, 튀다
漊	溇	lóu	루 물 이름
灣	湾	wān	만 물굽이
謨	谟	mó	모 꾀, 계책, 꾀하다
褳	裢	lián	련 전대
襝	裣	liǎn/lián/chán	렴 襜과 同字, 행주치마, 옷이 늘어지다
褲	裤	kù	고 바지, 絝와 同字
襇	裥	jiǎn/jiàn	간 치마주름, 옷의 주름
禪	禅	dān	단 홑옷, 얇다, 겹옷
讜	谠	dǎng/dàng/tǎng	당 곧은 말, 바른 말, 직언
謖	谡	sù	속 일어나다, 바람부는 모양

❖ 중국에 가실 때는 간자사전이 꼭 필요합니다.

12획~13획

简	繁	병음	한글	뜻
谢	謝	xiè	사	사례하다, 사죄하다
谣	謠	yáo	요	노래, 헛소문
谤	謗	bàng	방	헐뜯다, 비방하다
谥	謚	shì	시	시호(사후에 왕이 추증하는 이름)
谦	謙	qiān	겸	겸손할, 공손하다
谧	謐	mì	밀	고요하다, 삼가다

[→]

属	屬	shǔ/zhǔ	속·촉	(같은)무리, 종류, 있다
屡	屢	lǚ	루	자주(여러번)
骘	騭	zhì	즐	수말(하늘이 운수를 결정), 오르다
巯	巰	qiú	구	메르캅토(mercapto)
毵	毿	sān	삼	(털, 나무가지)긴 모양
翚	翬	huī	휘	훨훨 날다, 비상하다
骛	騖	wù	무	달리다, 힘쓰다
缂	緙	kè	격	꿰매다, 자수
缃	緗	xiāng	상	담황색, 담황색 비단
缄	緘	jiān	함	봉하다
缅	緬	miǎn	면	멀리, 아득하게
缆	纜	lǎn	람	닻줄
缇	緹	tí	제	붉은 비단
缈	緲	miǎo	묘	아득하다
缉	緝	jī,qī	집	(옷을)꿰매다, 잡다(체포)
缊	縕	yùn/yūn	온	어지럽다
缌	緦	sī	시	가는 삼베, 베
缎	緞	duàn	단	비단
缑	緱	gōu	구	칼자루를 감다
缓	緩	huǎn	완	느리다, 늘어지다, 늦추다
缒	縋	zhuì	추	매어달다
缔	締	dì	체	맺다, 끈으로 묶다
缕	縷	lǚ/lóu	루	실(가닥, 마리)
骗	騙	piàn	편	속이다, 말에 뛰어오르다
编	編	biān	편	엮다, 편집하다, 꾸미다
缗	緡	mín	민	낚싯줄, 돈꿰미 끈
骚	騷	sāo	소	떠들다
缘	緣	yuán	연	인연, 까닭, 가장자리
飨	饗	xiǎng	향	(음식)대접하다, 연회

13 획

[一]

耢	耮	láo	로	고무래로, 갈퀴
鹉	鵡	wǔ	무	앵무새
鹊	鵲	jīng	청	푸른해오라기
韫	韞	yùn/yún/wēn	온·운	감추다, 활집, 싸다
鳌	鰲	áo/ào	오	흉조 이름
摄	攝	shè	섭	당기다, 끌어당기다
摅	攄	shū	터	펴다
摆	擺	bǎi	파	벌여놓다, 배열하다

襬	襬	bǎi/bei/pèi	피	옷자락	碍	礙	ài	애 막다(방해, 장애 등)
赪	赬	chē-ng	정	붉다	碜	磣	chěn	참 모래, 모래가 섞이다
摈	擯	bìn	빈	물리치다, 배척하다	鹌	鵪	ān/yiā	암 메추라기
毂	轂	gǔ/gū	곡	바퀴통	尴	尷	gān	감 비틀거리다, 난처하다
摊	攤	tān	탄	펴다, 배당하다, 벼르다	殨	殨	huì	궤 (헐어서)문드러지다
鹊	鵲	què	작	까치	雾	霧	wù	무 안개
蓝	藍	lán	람	쪽, 남빛, 남루하다	辏	輳	còu	주 모이다
蓦	驀	mò	맥	갑자기, 금새	辐	輻	fú	복 바퀴살, 바퀴의 축
鹋	鶓	miáo	묘	새이름	辑	輯	jí	집 모으다, 화목하다
蓟	薊	jī/jiē/jiè	계	삽주, 엉겅퀴	输	輸	shū	수 보내다, 나르다, 옮기다
蒙	矇	mēng/méng	몽	속이다, 멍해지다				[ㅣ]
	濛	méng	몽	가랑비 오다	频	頻	pín	빈 자주, 여러번, 절박하다
	懞	méng	몽	(마음이)흐리멍텅하다	龃	齟	jǔ	저 어긋나다, 의견의 충돌
颐	頤	yí	이	턱, 기르다	龄	齡	líng	령 나이, 연령
献	獻	xiàn	헌	바치다	龅	齙	páo	포 이 두드러나다, 뻐드렁니
蓣	蕷	yù	여	마	龆	齠	tiáo	초 이를 갈다
榄	欖	lǎn	람	감람나무	鉴	鑒	jiàn	감 거울, 살피다, 鑑과 同字
榇	櫬	chèn/qīn/hèn	츤	널, 관	跬	跩	wěi	위 바르다
榈	櫚	lǘ	려	종려나무, 모과나무	嗫	囁	zhé	섭 말을 머뭇거리다
楼	樓	lóu	루	다락, 여러층의 집	跷	蹺	qiāo	교 발돋움하다, 다리를 들다
榉	櫸	jǔ	거	느티나무	跸	蹕	bì	필 벽체, 길 치우다
赖	賴	lài	뢰	힘입다, 의뢰하다	跻	躋	jī/jì	제 오르다
碛	磧	qì	적	자갈밭, 모래톱	跹	躚	xiān	선 춤추다

❖ 중국에 가실 때는 간자사전이 꼭 필요합니다.

蜗	蝸	wō	와 달팽이		锯	鋸	jù/jū	거 톱, 톱질하다
嗳	噯	āi/ǎi/ài	애 애통하는 소리		锰	錳	měng	맹 망간
赗	賵	fèng	봉 (상가에 부조)보내다		锱	錙	zī	치 무게의 단위
[丿]					辞	辭	cí	사 말, 언사
锗	鍺	zhě/duǒ	타 바퀴통 쇠, 게르마늄		颓	頹	tuí	퇴 무너지다, 기울어지다
错	錯	cuò	착 뒤섞였다		穇	穇	cǎn	삼 피, 돌피
锘	鍩	tiǎn	첨 취하다, 노벨륨		筹	籌	chóu	주 산가지(나무, 대 등으로 만든 수를 헤아리는 기구)
锚	錨	máo	묘 닻		签	簽	qiān	첨 쪽지, 서명하다
锛	錛	bēn	분 자귀			籤	qiān	첨 제비, 심지
锝	鍀	dé	득 테크네튬		简	簡	jiǎn	간 대쪽, 글, 책, 편지
锞	錁	kè	과 덩어리, 화폐의 금은 덩이		觎	覦	yú	유 넘겨보다
锟	錕	kūn	곤 산 이름		颔	頷	hàn	함 턱, 아래턱, 끄덕이다
锡	錫	xī	석 주석, 주다(賜와 同義)		腻	膩	nì	이 기름지다, 살찌다
锢	錮	gù	고 막다, 땜질하다, 가두다		鹏	鵬	péng	붕 붕새
锣	鑼	luó	라 징		腾	騰	téng	등 오르다, 값이 비싸다
锤	錘	chuí	추 저울, 무게의 단위		鲅	鮁	bà	발 물고기, 삼치
锥	錐	zhuī	추 송곳, 끝이 뾰족한 것		鲆	鮃	píng	평 넙치, 비목어
锦	錦	jǐn	금 비단, 아름답다		鲇	鮎	nián	점 메기
锧	鑕	zhì	질 모루(刑具의 한가지)		鲈	鱸	lú	로 농어
锨	鍁	xiān	흔 삽, 가래		鲊	鮓	zhǎ	자 해파리, 젓(소금에 저린 생선)
锫	錇	péi	부 대못(큰 못)		稣	穌	sū	소 깨어나다
锭	錠	dìng	정 제기이름, 덩어리		鲋	鮒	fù	부 붕어
键	鍵	jiàn	건 열쇠, 비녀장		鮣	鮣	yìn	인 빨판상어

鲍	鮑	bào	포	절인 어물, 전복	粮	糧	liáng	량 양식, 곡식, 급여
鲅	鮁	pí	피	오징어	数	數	shù/shǔ/shuò	수·삭 (수를)세다, 자주
鲐	鮐	tái	태	복어	滟	灧	yàn	염 물이 그득하다
颖	穎	yǐng	영	이삭, 훌륭하다	滠	灄	shè	섭 강이름
鸽	鴿	qiān	감	쪼다(먹다)	满	滿	mǎn	만 차다, 가득하다, 넉넉하다
飔	颸	sī/chī	시	시원한 바람, 빠른 바람	滤	濾	lǜ	려 거르다(여과)
飕	颼	sōu	수	바람소리, 바람이 불다	滥	濫	làn	람 넘쳐 흐르다, 범람하다
触	觸	chù	촉	닿다, 부딪히다	滗	潷	bì	필 거르다
雏	雛	chú	추	병아리, 조류 새끼	滦	灤	luán	란 강이름
馎	餺	bó	박	수제비	漓	灕	lí	리 물흐르는 모양, 스며들다
馍	饃	mò	막	찐빵	滨	濱	bīn	빈 물가
馏	餾	liú	류	(밥이)뜸들다, 찌다	滩	灘	tān	탄 여울, 물가, 모래톱
馐	饈	xiū	수	드리다, 바치다	溆	漵	yù	여·예 강이름
	[丶]				慑	懾	shè/zhé	섭 두려워하다, 협박하다
酱	醬	jiàng	장	된장, 간장	誉	譽	yù	예 명예, 칭찬하다
鹑	鶉	chún	순	메추라기	鲎	鱟	hòu	후 참게
瘅	癉	dàn/dān	단	앓다, (피로가 쌓인)병들다	骞	騫	qiān	건 이지러지다
瘆	瘮	shèn	참	놀라서 떨다, 무섭다	寝	寢	qǐn	침 눕다, 잠자다
鹒	鶊	gēng	경	꾀꼬리	窥	窺	kuī	규 엿보다
阖	闔	hé	합	문짝, 문을 닫다	窦	竇	dòu	두 구멍
阗	闐	tián/diàn	전	가득 차다	谨	謹	jǐn	근 삼가다, 신중하게
阙	闕	quē/què	궐	대궐, 대궐문	谩	謾	màn/mán	만 속이다, 감추다, 조소하다
誊	謄	téng	등	옮겨쓰다, 등사하다	谪	謫	zhé	적 귀양가다, 유배되다

❖ 중국에 가실 때는 간자사전이 꼭 필요합니다.

谫	譾	jiǎn	전	얕다, 천박하다	瑷	璦	ài	애	아름다운 옥
谬	謬	miù	유	그릇되다, 틀리다	赘	贅	zhuì	췌	혹, (쓸모없는)군더더기
			[一]		觏	覯	gòu/hóu/hòu	구	만나다, 구성하다
辟	闢	pì	벽	열다, 일구다, 반박	韬	韜	tāo	도	활집, 감추다, 갈무리하다
嫒	嬡	ài	애	계집	叆	靉	ài/ǎi	애	구름이 끼다
嫔	嬪	pín	빈	아내	墙	墻	qiáng	장	담, 울타리, 牆과 同字
缙	縉	jìn	진	붉은 비단, 분홍빛	撄	攖	yīng/yíng	영	가까이하다
缜	縝	zhěn	진	촘촘하다, 곱다	蔷	薔	qiáng	장·색	장미
缚	縛	fù	박	묶다, 동여매다	蔑	衊	miè	멸	蔑=업신여기다, 衊=코피
缛	縟	rù	욕	번다하다, 화려한 채색	蔹	蘞	liǎn	렴	거지덩굴
辔	轡	pèi	비	고삐	蔺	藺	lìn	린	골풀(燈心草)
缝	縫	féng/fèng	봉	꿰매다, 깁다, 솔기	蔼	藹	ǎi	애	우거지다,
骝	騮	liú	류	준마, 駵와 同字	鹕	鶘	hú	호	사다새
缞	縗	cuī	최	상복이름	槚	檟	jiǎ	가	개오동나무
缟	縞	gǎo	호	명주, 흰 생견	槛	檻	jiàn/kǎn	함	우리, 감옥, 난간
缠	纏	chán	전	얽히다, 묶다	槟	檳	bīn/bīng	빈	빈랑나무
缡	縭	lí	리	향주머니	槠	櫧	zhū	저	종가시나무
缢	縊	yì	액	목을 매다	酽	釅	yiàn	엄	(액체, 색, 냄새, 맛 등이)진하다
缣	縑	jiān	겸	비단	酾	釃	xī	시	(술을)거르다, 따르다
缤	繽	bīn/pín	빈	많다, 어지럽다	酿	釀	niàng/niáng	양	(술)빚다
骟	騸	shàn	선	거세하다	霁	霽	jì	제	(비나 눈이)개다
			14획		愿	願	yuàn	원	원하다, 바라다
			[一]		殡	殯	bìn	빈	빈소(장례)

14획

辕	轅	yuán	원 끝채(수레의 일종), 군문
辖	轄	xiá	할 수레의 비녀장, 관장하다
辗	輾	zhǎn/niǎn	전 돌다, (이리 저리)구르다

[丨]

龇	齜	chā/xià	재 (이를)갈다, 드러내다
龈	齦	yín/kěn	간·은 잇몸
鹗	鶪	jú	격 때까치
颗	顆	kē	과 낟알
瞜	瞜	lōu	루 보다, 오목눈
暧	曖	ài	애 흐리다, 어두운 모양, 애매
鹖	鶡	jié	갈·할·분 새이름(꿩 비슷한 새)
踌	躊	chóu	주 머뭇거리다, 주저하다
踊	踴	yǒng	용 뛰어오르다
蜡	蠟	là	랍 밀랍, 밀초, 초
蝈	蟈	guō	괵 청개구리
蝇	蠅	yíng	승 파리
蝉	蟬	chán	선 매미, 이어지다
鹗	鶚	è	악 물수리, 징경이
嘤	嚶	yīng	앵 새소리
罴	羆	pí/bì/pēi	피 곰
赙	賻	fù	부 부의(초상집에)
罂	罌	yīng	앵 항아리(배가 부른)
赚	賺	zhuàn/zuàn/zhàn/lián	잠 속이다

鹘	鶻	gú	골 산비둘기, 송골매

[丿]

锲	鍥	jié/qì/qiē	계 새기다, 깎다
锴	鍇	jiē/jiě	개 쇠, 질이 좋은 쇠
锶	鍶	sōng	송 무쇠그릇, 스트론튬
锷	鍔	è	악 칼날
锹	鍬	qiū	초 가래
锸	鍤	chá	삽 가래, 바늘(돗바늘)
锻	鍛	duàn	단 (쇠를 불리다)두들기다
锼	鎪	sōu	수 아로새기다
锾	鍰	huán/huàn	환 무게단위(엿냥쭝)
锵	鏘	qiāng/chēng	장 울리는 소리, 금옥소리
镄	鑀	āi	애 아인슈타이늄(Es, einsteinium)
镀	鍍	dù	도 도금하다
镁	鎂	měi	미 마그네슘(Mg)
镂	鏤	lòu	루 아로새기다
镃	鎡	zī	자 호미
镄	鐨	bì	비 페르뮴(Fm)
镅	鎇	méi	미 아메리슘(Am)
鹙	鶖	qiū	추 무수리
稳	穩	wěn	온 평온하다, 안정되다
箦	簀	zé/zhài	책 살평상, 대자리
箧	篋	qiè	협 (작은)상자

❖ 중국에 가실 때는 간자사전이 꼭 필요합니다.

14획

간체	번체	병음	한글	뜻
箨	籜	tuò	탁	대꺼풀, 풀이름
箩	籮	luó	라	대나무광주리
箪	簞	dān	단	(대나무)밥그릇
箓	籙	lù	록	(대)책상자
箫	簫	xiāo	소	퉁소
舆	輿	yú	여	수레
膑	臏	bìn/bǐn	빈	정강이뼈
鲑	鮭	huā	해·규	어채
鲒	鮚	jié/jí/qiè	길	대합조개
鲔	鮪	yǒu	유	다랑어
鲖	鮦	tóng	동	가물치
鲗	鰂	zéi	즉	오징어
鲙	鱠	kuài	회	회
鲚	鱭	jì	제	갈치
鲛	鮫	jiāo	교	상어
鲜	鮮	xiān/xiǎn	선	곱다, 싱싱하다
鲟	鱘	xún	심	철갑상어
飗	飀	liú	류	바람소리
馑	饉	jǐn	근	흉년이 들다
馒	饅	mán	만	만두
瘘	瘻	lòu	루	부스럼, 연주창
阚	闞	kàn/kǎn	감	바라보다, 내려다보다
鲝	鮺	zǎ	자	물고기젓
鲞	鯗	xiǎng	상	건어
糁	糝	shēn/sān/sǎn	삼	(가루를)뿌리다, 국
鹚	鷀	zē	자	가마우지
潇	瀟	xiāo	소	강이름, 물이 깊고 맑다
潋	瀲	liàn	렴	넘치다, 물결이 찰랑거림
潍	濰	wéi	유	강이름
赛	賽	sài	새	굿하다, 우열을 겨루다
窭	窶	jù	구·루	가난하다
谭	譚	tán	담	이야기(하다)
谮	譖	jiàn/zèn	참	참소하다(무고, 중상)
褃	襀	kuì	괴	옷끈
褛	褸	lǚ	루	누더기
谯	譙	qiáo/qiào/shuí	초	문다락
谰	讕	làn/lǎn/lǎn	란	헐뜯다, 비방하다
谱	譜	pǔ	보	계보, 족보, 악보
谲	譎	jué	휼	속이다, 괴이하다

[丶]

| 銮 | 鑾 | luán | 란 | 방울 |
| 瘗 | 瘞 | yì | 예 | (시체나 부장품을)묻다 |

[一]

鹛	鶥	méi	미	왜가리, 멧새
嫱	嬙	qiáng	장	궁녀
鹜	鶩	wù	목	집오리

缥	縹	piāo	표	옥색, 가물가물하다	蕲	蘄	qí	기 승검초, 재갈
骠	驃	biāo/piào	표	빠르다	赜	賾	zè	색 깊다, 심오하다
缦	縵	màn	만	무늬없는 비단, 명주	蕴	蘊	yùn	온 쌓다(저축, 내포, 포함)
骡	騾	luó	라	노새	樯	檣	qiáng	장 돛대
缧	縲	léi	류	포승	樱	櫻	yīng	앵 앵두나무, 벚꽃
缨	纓	yīng	영	갓끈, 가슴걸이	飘	飄	piāo	표 나부끼다, 펄럭이다
骢	驄	cōng	총	총이말, 청총마	靥	靨	yiè	엽 보조개
缩	縮	suō/sù	축	줄어들다	魇	魘	yàn	염 가위눌리다, 악몽에 시달리다
缪	繆	móu/miào/miù	무	묶다, 얽다	餍	饜	yàn/yiàn/yiàn	염 물리다, 포식하다, 흐뭇하다
缫	繅	xiāo	소	(고치에서)실을 뽑다, 켜다	霉	黴	méi	미 곰팡이, 검다, 썩다
					辘	轆	lù	록 (두레박용)도르래

15 획

[一]

[丨]

耧	耬	lóu	루	씨뿌리는 수레	龉	齬	yǔ	어 아래윗니가 어긋나다(맞지 않다)
瓔	瓔	yīng	영	구슬목걸이, 옥돌	龊	齪	chuò	착 악착하다, 촉박한 모양
叇	靆	dài	체	구름이 끼다	觑	覷	qù	처 엿보다, 실눈으로 보다
撵	攆	nián	련	쫓아내다	瞒	瞞	mán	만 감추다, 속이다
撷	擷	xié	힐	따다, 캐다, 뽑다	题	題	tí	제 표제, 이마
撺	攛	cuān/cuàn	찬	던지다, 내던지다	颙	顒	yóng	옹 크다, 흠모하다, 단아하다
聩	聵	kuì	외	귀머거리, 어리석다	踬	躓	zhí/zhì	지 넘어지다, 실패하다
聪	聰	cōng	총	귀가 밝다, 듣다	踯	躑	zhí	척 머뭇거리다, 뛰어오르다
觐	覲	jìn	근	뵈다, 만나뵙다	蝾	蠑	róng	영 영원
鞑	韃	dá/tà	달	오랑캐 이름	蝼	螻	lóu/lòu/lú	루 땅강아지
鞒	鞽	jiāo	교·각	나막신, 屩과 同字	噜	嚕	lū	로 이야기하다

❖ 중국에 가실 때는 간자사전이 꼭 필요합니다.

嘱	囑	zhǔ	촉 부탁하다, 맡기다		鲢	鰱	lián	련 연어
颛	顓	zhu-ān	전 삼가는 모양, 어리석다		鲣	鰹	jiān	견 가다랭이
[ノ]					鲥	鰣	shí	시 준치
镊	鑷	niè	섭 족집게, 뽑다		鲤	鯉	lǐ	리 잉어
镇	鎮	zhèn	진 누르다(제압 등)		鲦	鰷	tiáo/xiāo	조 피라미
镉	鎘	lì	력 세발가마솥		鲧	鯀	gǔn	곤 곤어(물고기이름), 큰고기
镋	钂	tǎng	당 창		鲩	鯇	huán/huǎn/huàng/hǔn	환·혼 혼어, 초어
镌	鐫	juān	전 새기다, 조각하다		鲫	鯽	jì/zé	즉 붕어
镍	鎳	niè	얼 니켈		馓	饊	sǎn	산 산자
镎	鎿	ná	장 넵투늄(Np)		馔	饌	zhu-àn	찬 반찬, 음식을 차리다
镏	鎦	liú	유 죽이다, 劉와 同字		[丶]			
镐	鎬	gǎo/hào	호 쟁개비(남비), 곡괭이		瘪	癟	biē/biě/blě	별 날지 못하다, 오그라드는 병
镑	鎊	bàng/bāng/pàng	방 깎다, 파운드(영국화폐)		瘫	癱	tān	탄 사지가 틀리다, 마비증
镒	鎰	yì	일 무게의 단위		斋	齋	jí	제 (양념 등을)부수다, 다지다
镓	鎵	jiā	가 갈륨		颜	顏	yán	안 얼굴
镔	鑌	bīn	빈 강철		鹣	鶼	jiān	겸 비익조
篑	簣	kuì/kuài	궤 삼태기		鲨	鯊	shā/sà	사 문절망둑어, 모래무지
篓	簍	lǒu/lóu/lú	루 대광주리, 대바구니		澜	瀾	lán	란 물결, 물결이 일다
鹏	鷈	tī	체 논병아리		额	額	é	액 이마, 일정한 액수
鹡	鶺	jí	척 할미새		谳	讞	yàn/ní/yàn	얼·언 평의하다(심판, 문초 등)
鹞	鷂	yào/yáo	요 새매		褴	襤	lán	람 누더기
鲠	鯁	gěng	경 생선뼈		谴	譴	qiǎn	견 꾸짖다, 허물
鲡	鱺	lí/lǐ	려 뱀장어		鹤	鶴	hè/háo/mò	학 학, 두루미

간체	번체	병음	훈음	간체	번체	병음	훈음
谵	譫	tà/zhé/zhàn	섬 헛소리, 말이 많다	辚	轔	lín	린 수레소리
[一]				[ㅣ]			
屦	屨	jù	구 신(삼, 칡 등으로 만든 신)	醝	醝	cuó/cā/cāi	차 소금, 진한 소금기
缬	纈	xié	힐 홀치기 염색	螨	蟎	mǎn	만 진드기류
缭	繚	liáo	료 감기다, 얽히다	鹦	鸚	yīng	앵 앵무새
缮	繕	shàn	선 깁다, 고치다	赠	贈	zèng	증 주다, 보내다, 선물
缯	繒	zēng/zèng	증 명주, 단단히 묶다	[丿]			
16 획				镯	鐲	zhuó	작 괭이, (괭이로)파내다
[一]				镖	鏢	biāo	표 칼끝
耙	耙	bà/pá	파 쟁기	镗	鏜	tāng	당 종고(鐘鼓)소리, 절삭
擞	擻	sǒu/sòu	수 털어버리다, (놀라서)떨다	镘	鏝	màn	만 흙손
颞	顳	niè	섭 관자놀이	镚	鏰	bèng	붕 동전
颟	顢	mán	만 얼굴이 큰 모양	镛	鏞	yōng	용 종, 큰종
薮	藪	sǒu	수 늪, 소택지	镜	鏡	jìng	경 거울, 거울삼다
颠	顛	diān	전 꼭대기, 정수리	镝	鏑	dī/dí	적 살촉, 화살촉
橹	櫓	lǔ	로 노, 노를 젓다	镞	鏃	zú	족·촉 살촉, 화살
橼	櫞	yuán	연 구연, 레몬	氇	氌	lú	로 모직물
鹥	鷖	yī/yì	예 갈매기	赞	贊	zàn	찬 돕다, 찬양하다
赝	贗	yān	안 거짓이다, 贋의 譌字	穑	穡	sè	색 (농작물)거두다
飙	飆	biāo	표 폭풍, 회오리바람	篮	籃	lán	람 채롱, 바구니
豮	豶	fén	분 불깐돼지	篱	籬	lí	리 울타리
錾	鏨	jiàn/zhàn	참 끌로 돌, 금속 등에)새기다	魉	魎	liǎng	량 도깨비
辙	轍	zhé	철 바퀴자국, 흔적, 행적	鲭	鯖	qīng/zhēng	청 청어

❖ 중국에 가실 때는 간자사전이 꼭 필요합니다.

16획～17획

鲮	鯪	líng	릉 천산갑		颡	顙	sǎng/sàng	상 이마
鰍	鰍	qū	추 잡어(자지레한 작은 물고기)		缰	繮	jiāng	강 고삐
鲱	鯡	fèi	비 곤이(鯤鮞), 날치		缱	繾	juǎn	견 곡진하다
鲲	鯤	kūn	곤 물고기 이름		缲	繰	qiāo/sāo/zǎo	조·소 (고치를)켜다, 야청빛 비단
鲳	鯧	chā-ng	창 병어		缳	繯	huán	환·현 매다, 얽다, 올가미
鲵	鯢	ní	예 도룡뇽, 암고래		缴	繳	jiǎo/jǐ/juè	작·교 얽히다, 바치다
鲶	鯰	niàn	염 메기		**17 획**			
鲷	鯛	diāo	조 도미		**[一]**			
鲸	鯨	jīng	경 고래		藓	蘚	xiǎn	선 이끼
鲻	鯔	zī	치 숭어		鹩	鷯	liáo/liào	료 굴뚝새
獭	獺	tǎ	달 수달		**[丨]**			
[丶]					龋	齲	qǔ	우 충치, 이가 삭다
鹧	鷓	zhè	자 자고		龌	齷	wò	악 악착하다, 작은 모양
瘿	癭	yǐng/yǐng	영 혹		瞩	矚	zhǔ	촉 보다, 자세히 보다
瘾	癮	yǐn	은 두드러기		蹒	蹣	mán/pán	반 비틀거리다
斓	斕	lán	란 문채(얼룩얼룩한 모양)		蹑	躡	niè	섭 밟다, 살금살금 걷다
辩	辯	biàn	변 말 잘하다		蟏	蠨	xiāo	소 갈거미
濑	瀨	lài	뢰 여울, 급류		嘁	嚇	hǎn	함 으르렁거리다
濒	瀕	bīn	빈 물가, (물가)임박하다		羁	羈	jī	기 굴레, 재갈, 고삐, 속박
懒	懶	lǎn	라 게으르다, 나른하다		赡	贍	shàn	섬 넉넉하다, 구휼하다
黉	黌	héng	횡 글방, 학사, 학교		**[丿]**			
[一]					镣	鐐	liáo	료 은, 족쇄
鹨	鷚	liáo/liú/liù	유 종달새		镤	鏷	pú	박·복·표 무쇠, 프로탁티늄

중국 간자사전

17획~18획

簡	繁	음	뜻	簡	繁	음	뜻
镥	鑥	lú	로 루테늄	辫	辮	biàn	변 머리를 땋다
镦	鐓	dūn/duān/dùn	대 창고달	赢	贏	yíng	영 이기다, 남다
镧	鑭	lán/làn	란 금빛, 란타늄	懑	懣	mèn/mán/mēn	만 번민, 화내다, 분개하다
镨	鐥	shān/shàn	선 복자, 좋은 쇠			[ㄱ]	
镨	鐠	pǔ	보 프라세오디뮴	鹬	鷸	yù	휼 도요새
镩	鑹	cuān	찬 작은창	骤	驟	zhòu	취 (빨리)달리다
镪	鏹	qiāng/jiǎng	강 돈꿰미			**18 획**	
镫	鐙	dēng	등 등자, 등, 등불			[一]	
簖	籪	duàn	단 통발	鳌	鰲	áo	오 자라, 큰바다거북
鹪	鷦	jiāo	초 굴뚝새	鞯	韉	jiān	천 언치(안장, 길마 밑에 까는 깔개)
鳍	鰆	chūn	춘 삼치	黡	黶	yǎn/yàn	염 검정사마귀
鲽	鰈	dié/diē/qiè/tà	접 가자미, 넙치			[丨]	
鲿	鱨	chá-ng	상 자가사리	欤	歟	yú	어 물고기 잡다
鳃	鰓	sāi	새 아가미	颢	顥	hào	호 희고 빛나다
鳁	鰮	wēn	온 정어리	鹭	鷺	lū	로 해오라기 백로
鳄	鰐	è	악 악어	嚣	囂	xiāo	효 시끄럽다
鳅	鰍	qiū	추 미꾸라지, 鰌와 同字	髅	髏	lóu	루 해골, 두개골
鳆	鰒	fù	복 전복			[丿]	
鳇	鰉	huá-ng	황 칠갑상어	镬	鑊	huò	확 가마솥
鳅	鰌	qiū/qiú	추 미꾸라지, 鰍와 同字	镭	鐳	léi	뢰 병, 라듐
鳊	鯿	biān	편 방어	镮	鐶	huán	환 고리, 가락지
		[丶]		镯	鐲	zhuó	탁 징, 방울, 팔찌
鹫	鷲	jiù	취 수리, 독수리	镰	鐮	lián	견 낫

❖ 중국에 가실 때는 간자사전이 꼭 필요합니다.

镱	鐿	yì	의 이테르븀	巅	巔	diān	전 산꼭대기
雠	讎	chóu/shòu	수 원수, 원한, 바로잡다	髋	髖	kuān/kūn	관 허리뼈
䲢	䲢	téng	등 쑤기미	髌	髕	bìn	빈 종지뼈, 슬개골
鳍	鰭	qí	기 지느러미, 등지느러미			[ノ]	
鳎	鰨	tǎ/tà/nà	탑 서대기, 도롱뇽	镲	鑔	chá	찰 동발(악기)
鳏	鰥	guān	환 환어, 홀아비	籁	籟	lài	뢰 퉁소
鳑	鰟	páng	방 방어	鳘	鰵	mǐn	민 대구, 민어
鳒	鰜	jiān	겸 넙치, 가자미	鳓	鰳	lè	륵 준치
		[丶]		鳔	鰾	biào	표 부레
鹯	鸇	zhān/zhen	전 송골매	鳕	鱈	xuě	설 대구
鹰	鷹	yīng	응 매, 송골매	鳗	鰻	mán	만 뱀장어
癞	癩	lài/là	라·뢰 문둥병	鳙	鱅	yóng	용 전어
廯	囅	chǎn	천 (껄껄)웃는 모양	鳛	鰼	xí	습 미꾸라지
谳	讞	yàn	연 잔치, 모여 이야기하다			[丶]	
		[宀]		颤	顫	chàn/zhàn	전 떨다, 흔들리다
䴙	鷿	pì/bò	벽 논병아리	癣	癬	xuǎn	선 옴(피부병)
	19 획			谶	讖	chán	참 조짐
		[一]				[宀]	
攒	攢	zǎn/zuān/cuán	찬 모으다	骥	驥	jì	기 천리마, 뛰어나다
霭	靄	ǎi	애 구름 피어오름, 아지랑이	缵	纘	zuǎn	찬 잇다
		[丨]			**20 획**		
鳖	鱉	biē	별 자라, 鼈와 同字			[一]	
蹿	躥	cuān	찬 솟구치다, 뛰어오르다	瓒	瓚	zàn	찬 술그릇, 옥잔(제기)

20획 ~ 25획

鬢	鬓	bìn	빈 살쩍, 귀밑털
颥	颥	rú	유 관자놀이

[ㅣ]

| 鼍 | 鼍 | tà | 타 악어 |
| 黩 | 黩 | dú | 독 더럽히다, 욕되게 하다 |

[ノ]

镳	镳	biāo	표 (말의)재갈,
镴	镴	là	랍 땜납, 납과 주석의 합금
臜	臜	zān	잠 언청이(입술 병), 더럽다
鳜	鳜	guì/jué/wǎn	궐 쏘가리
鳝	鳝	shàn	선 두렁허리, 鱓의 俗字
鳞	鳞	lín	린 비늘
鳟	鳟	zūn/zùn/zhuàn	준 송어

[宀]

| 骧 | 骧 | xiāng | 양 (머리를 들고)달리다 |

21 획

颦	颦	pín	빈 찡그리다
躏	躏	lìn	린 짓밟다, 유린하다
鳢	鳢	lǐ	례 가물치
鳣	鳣	zhān	전 철갑상어
癫	癫	diān	전 미치다, 지랄병
赣	赣	gàn/gǎn/gòng	공 주다(하사), 강이름
灏	灏	hào	호 아득하다, 넓다

22 획

| 鹳 | 鹳 | huān/huán | 관 황새 |
| 镶 | 镶 | xiāng/niáng/ráng/xiáng | 양 끼워 넣다, 상감하다 |

23 획

趱	趱	zǎn/zàn/zú/zuán	찬 서두르다
颧	颧	quán	권·관 광대뼈
躜	躜	zuān/cuó	찬 치솟아 오르다(힘있게 나가는 모양)

25 획

镢	镢	qú	구 창
馕	馕	náng	낭 마구 먹다
戆	戆	zhuàng/gàng	당 어리석다, 외고집

❖ 중국에 가실 때는 간자사전이 꼭 필요합니다.

도서목록
2013

50년간 의학·약학·한의학을 이끌어온 의학서적의 선구자

도서출판 **의성당**은
귀하를 위해서
일하고 있습니다.

기초도서에서 전문도서까지
도서출판 **의성당**이
함께 합니다.

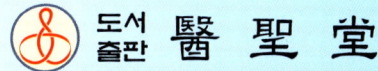

한의학 도서

20부 미만의 재고 도서는 기재하지 않았습니다.

NO	도 서 명	저 자	정 가
1	200종 상견질병침구치료(200種 常見疾病針灸治療)	張劍秋·丁育林	12,000
2	30종질병치험록(30種疾病治驗錄)	王智賢	20,000
3	가용양방(家用良方)	淸·龔自璋	25,000
4	각종질병에 대한 자가진단 치료법	沈振燮	12,000
5	경험단방회편+수세전진(壽世傳眞+經驗丹方匯編)	淸·徐文弼·錢峻	40,000
6	고금명의방론(古今名醫方論)	淸·羅美	15,000
7	고금백병자측대관(古今百病自測大觀)	漆浩	20,000
8	고금연년익수방회수(古今延年益壽方匯粹)	張炬·憑世倫·李秀敏	18,000
9	고금중의명언록(古今中醫名言錄)	王侃·李文香	15,000
10	근대중의진본집(내과편)(近代中醫珍本集)(內科編)	陸拯	38,000
11	금경내대방의(金鏡內臺方議)	明·許宏	13,000
12	금궤요략천석(金匱要略闡釋)	杜雨茂·張聯惠	30,000
13	금침매화시초(金鍼梅花時鈔)	淸·周樹冬	15,000
14	금침발장술대사(金鍼撥障述大師)	黃庭鏡	12,000
15	급구보제양방(急救普濟良方)	淸以前撰人不詳袁占盈 校注	10,000
16	급증침구비요(急症針灸備要)	劉冠軍	23,000
17	기난잡증고방선(奇難雜症古方選)	潘文昭 外2人	12,000
18	기방류편+여과선방(奇方類編+女科仙方)	淸·傅山·吳世昌 外3人	36,000
19	기방류편+여과선방(奇方類編+女科仙方)	淸·沈堯封·閻純璽 外2人	36,000
20	기운헌의화의안집(倚雲軒醫話醫案集)	淸·方耕霞	15,000
21	기혈증치(氣血証治)	張同渠·趙孟華	20,000
22	내경(內經)	程士德	30,000
23	내경오운육기학(內經五運六氣學)	徐振林	20,000
24	내과증상변치(內科症狀辨治)	董建華·劉弼臣	25,000
25	내외상변(內外傷辨)	金·李杲	12,000
26	노경부액(盧經裒腋)	日·加藤宗博	23,000
27	노부금방+종행선방(魯府禁方+種杏仙方)	明·龔廷賢 撰(王志潔)	32,000
28	노신경(顱顖經)	宋·不著撰人	30,000
29	단방, 험방, 편방, 응용, 필비(單方, 驗方, 偏方, 應用, 必備)	朱進忠	12,000
30	담석병과 담도회충병+소아설사(膽石病과 膽道蛔虫病+小兒泄瀉)	朱培庭·徐長生·汪受傳	18,000

NO	도 서 명	저 자	정 가
31	담즙, 우황과 동물결석(膽汁, 牛黃과 動物結石)	兪長芳	15,000
32	도서집성의부전록(21권)(圖書集成醫部全錄)	淸·陳夢雷	420,000
33	도해도표 내과학(圖解圖表 內科學)	姚平	25,000
34	독극중약고금용(毒劇中葯古今用)	楊倉良 外5人	22,000
35	두침(頭針)	焦順發	17,000
36	두통증치(頭痛證治)	沈全魚 外	10,000
37	란실비장(蘭室秘藏)	金·李杲	10,000
38	뢰공약성부(雷公藥性賦)	金·李杲	18,000
39	마진증치(痲疹證治)	沈全魚 外	5,000
40	만씨제세양방(万氏濟世良方)	明·万表	25,000
41	맥인증치(脉因證治)	元·朱丹溪	15,000
42	명대침구학가양계주(明代針灸學家楊繼洲)	紀曉平·邰樹義	10,000
43	방제대사전(교정)(方劑大辭典)	江克明	48,000
44	방제학(方劑學)	陳偉·路一平	32,000
45	백병양방(5권)(百病良方)	賈荷先 外3人	60,000
46	백약효용기관(百藥效用奇觀)	張木對生	10,000
47	변증기문평주(辨證奇聞評注)	施洪耀	25,000
48	병리학(病理學)	中等中藥(山東)	16,000
49	병리학(病理學)	高等醫藥院(上海)	18,000
50	병인병기학(病因病機學)	吳敦序	15,000
51	보유신편(保幼新編)	明·無忌	10,000
52	보제방(12권)(普濟方)	明·朱橚	480,000
53	본초강목(5권 부록포함)(本草綱目)	葉桔泉	150,000
54	본초구심(本草勾沈)	淸·黃官綉 纂	25,000
55	본초구진(本草求眞)	淸·王昻 著 楊東喜 編	25,000
56	본초비요해석(本草備要解析)	宋寇宗奭	25,000
57	본초연의(本草衍義)	淸·陳佳園 外3人	10,000
58	부과침구비요(婦科針灸備要)	淸·王夢蘭·張遂辰	18,000
59	비방집험(秘方集驗)	陸拯	15,000
60	비위명리학(脾胃明理學)	徐復霖 外2人	23,000
61	비위전집(脾痿專輯)	金明弼	25,000
62	비전증치요결급류방(秘傳証治要訣及類方)	明·戴原禮	18,000
63	빈호맥학역주(瀕湖脉學譯注)(교정)	明·李時珍	15,000

❖ 중국에 가실 때는 간자사전이 꼭 필요합니다.

NO	도 서 명	저 자	정 가
64	사명심법+사명의안(四明心法+四明醫案)	淸·高鼓峰	10,000
65	산감(注釋) (産鑒)	明·王化貞	12,000
66	산잉수지 생육지남(産孕須知 生育指南)	淸·張仲遠	15,000
67	삼보간편험방(三補簡便驗方)	明·王象晋	15,000
68	삼보합벽(三寶合璧)	賈河先 外3人	10,000
69	상견피부병 중의치료간편(常見皮膚病 中醫治療簡便)	梁劍輝	10,000
70	상한론사전(傷寒論辭典)		25,000
71	상한론증상감별강요(傷寒論症狀鑑別綱要)	吳元黔 外4人	20,000
72	상한론집의술의, 금궤옥함요략집의술의(傷寒論輯義·述義, 金匱玉函要略輯義·述義)	日本·丹波元簡	42,000
73	상한론천석(傷寒論闡釋)	成右仁 校訂·杜雨茂 外1人	24,000
74	상한론탕증론치(傷寒論湯証論治)	李文瑞	30,000
75	상한백문가(傷寒百問歌)	宋·錢聞札	12,000
76	상한부(傷寒賦)	邵維翰 著 杜雨茂 審閱	15,000
77	상한잡병론(傷寒雜病論)	桂林古本	15,000
78	선삼사진(仙蔘寫眞, 사진)	醫聖堂	70,000
79	선삼사진(仙蔘寫眞, 표구포함)	醫聖堂	150,000
80	선전외과비방(仙傳外科秘方) (교정)	元·楊淸叟	10,000
81	설감변증+의림개착(舌鑑辨證+醫林改錯)	淸·王勳臣·梁玉瑜	16,000
82	성제총록(聖濟總錄) (4권)	宋·趙倍	120,000
83	세의득효방(世醫得効方)	元·危亦林, 王育學 點校	33,000
84	소아설사+담석병과 담도회충병(小兒泄瀉+膽石病과 膽道蛔虫病)	朱培庭·徐長生·汪受傳	18,000
85	소아질병천수묘방(小兒疾病千首妙方)	樊中州	25,000
86	수세보원(壽世保元)	明·龔廷賢	36,000
87	수세전진+경험단방회편(壽世傳眞+經驗丹方匯編)	淸·徐文弼·錢峻	20,000
88	수세편(壽世編)	淸·靑浦諸君子 輯(張慧芳)	14,000
89	수진중의처방(袖珍中醫處方)	茹十眉	25,000
90	습열론(濕熱論)	蔣森	10,000
91	습열조변류해(濕熱條辨類解)	趙立勛	12,000
92	시그먼드프로이드(SIGMUND FREUD)Collected (전5권)		60,000
93	식욕부진+소아소화불량(食欲不振+小兒消化不良)	吳伯平·周潤芝 外4人	28,000
94	신경계병리치료(神經系病理治療)	惲鐵樵	14,000
95	신경계통중의진치(神經系統中醫診治)	周紹華·周佩雲	12,000
96	신과 신병의 증치(腎과 腎病의 證治) (교정)	李兆華	15,000

도서목록

NO	도 서 명	저 자	정 가
97	신농본초경(神農本草經)	魏·吳普	23,000
98	신농본초경교증(神農本草經校證)	王筠黙·王恒芬	25,000
99	신응경+편작신응침구옥룡경(神應經+扁鵲神應針灸玉龍經)	明·陳會外1人 元·王國瑞外2人	12,000
100	실용자오류주침법 영구팔법(實用子午流注針法 靈龜八法)	鄭士鋼	15,000
101	실용중서의결합 임상진단치료(實用中西醫結合 臨床診斷治療)	楊思澍 外	48,000
102	실용중서의결합 진단치료학(上·下)(實用中西醫結合 診斷治療學)	陳貴廷·楊思澎等	86,000
103	실용중의 항장병학(實用中醫 肛腸病學)	柏連松·王襲祚·朱秉宜	25,000
104	실용중의내과학(實用中醫內科學)	方藥中	24,000
105	실용중의부과방약학(實用中醫婦科方藥學)	張文閣·楊恒茂	18,000
106	십삼경인득(十三經引得) (8권)		400,000
107	십약신서주해(十藥神書注解)	淸·陳修園	10,000
108	아과증치(兒科証治)	曹旭	18,000
109	약성가괄(藥性歌括)	王儒飛	12,000
110	약용식물형태학(藥用植物形態學)	朱榮丞	18,000
111	여과백문(女科百問)	陳修園	18,000
112	여과요지(女科要旨)	金義成·趙彙晟·郭重文	15,000
113	여과집요+태산심법(女科輯要+胎産心法)	宋·齊仲甫	40,000
114	역대중약포제법학(歷代中藥炮制法學)	淸·張志聰	20,000
115	연경언(硏經言)	淸·英枚士	18,000
116	엽류생약 감정도설(葉類生藥 鑑定圖說)	樓之岑·童玉懿	15,000
117	영락대전(의약집)(永樂大典(醫藥集))	蕭源	60,000
118	영힘양방회편(靈驗良方滙編) (교정)	淸·田間來	15,000
119	오보본초(吳普本草)	魏·吳普	15,000
120	오십년임증득실록(五十年臨證得失錄)	靳文淸	15,000
121	오운육기상해와 운용(五運六氣詳解와 運用)	權依經·李民听	15,000
122	온병조변 백제해(溫病條辨 百題解)	沈經法	12,000
123	왕맹영의안(王孟英醫案)	淸·王士雄	15,000
124	외감열병진치(外感熱病診治)	梁運通	25,000
125	외과비록(통천오지)(外科秘錄(洞天奧旨))	淸·陳士鐸	20,000
126	요퇴통의 추나치료(腰腿痛의 推拿治療)	劉嵐慶	15,000
127	우씨후과(尤氏喉科)	淸·尤存隱	10,000
128	우피선 중의요법(牛皮癬 中醫療法)	李林	15,000
129	운기학설(運氣學說)	任應秋	7,000

❖ 중국에 가실 때는 간자사전이 꼭 필요합니다.

NO	도 서 명	저 자	정 가
130	위중의난병증 중의치료진전(危重疑難病証 中醫治療進展)	王琦	22,000
131	유과절충(幼科折衷)	明·秦昌遇·兪景茂	15,000
132	유구백문(琉球百問)	淸·仁伯	10,000
133	유문사친(儒門事親)	金·張子和	20,000
134	육지선경(陸地仙經)	淸·馬齊	15,000
135	의가심법(醫家心法)	淸·高鼓峰	12,000
136	의림개착+설감변증(醫林改錯+舌鑑辨證)	淸·王勳臣·梁玉瑜	16,000
137	의방고(醫方考)	明·吳崑	30,000
138	의방론(醫方論)	淸·費伯雄	15,000
139	의방류취(醫方類聚) (11권)	朝·金禮蒙	275,000
140	의방집의(醫方集宜)	明·丁鳳	25,000
141	의방집해(醫方集解)	淸·汪訒庵	22,000
142	의종금감 안과심법요결백화해(醫宗金鑑 眼科心法要訣白話解)	盧丙辰·沙鳳桐	15,000
143	의학구시(醫學求是)	淸·吳述	15,000
144	의학발명활법기요(醫學發明活法機要)	金·李杲	12,000
145	의학삼자경(醫學三字經)	淸·陳修園	15,000
146	의학삼자경천설(醫學三字經淺說)	方約中	25,000
147	의학실재역(醫學實在易)	淸·陳修園	15,000
148	의학심오(醫學心悟) (원본)	淸·程國彭 著	23,000
149	의학입문(醫學入門) (편주)	明·李梴	50,000
150	의학탐원(醫學探源)	江爾遜	15,000
151	의험대성+묘일제의학정인종자편(醫驗大成+妙一齊醫學正印種子編)	明·秦昌遇·岳甫嘉 外 3人	30,000
152	이침의 임상응용(耳針의 臨床應用)	陳蛩蓀	25,000
153	이혈진단치료학(耳穴診斷治療學)	黃麗春	20,000
154	자오류주전진(子午流注傳眞)	王立早 編著 單玉堂 審校	15,000
155	장부증치신편(臟腑証治新編)	劉耀三	25,000
156	장의침도요법(壯醫針桃療法)	黃賢忠	10,000
157	적수현주(赤水玄珠) (전집)	明·孫一奎	60,000
158	전체상과+질타손상회생집(全體傷科+跌打損傷回生集)	淸·王煥旗·胡靑崑	20,000
159	점혈요법(点穴療法)	金宅修 譯	25,000
160	조섭류편(調燮類編)	不著撰人	12,000
161	조제(調劑)	明·施沛	18,000
162	종행선방+노부금방(種杏仙方+魯府禁方)	明·龔廷賢 撰(王志潔)	16,000

도서목록

NO	도 서 명	저 자	정 가
163	주역과 한의학(周易과 韓醫學)	楊力	35,000
164	주후비급방(肘後備急方) (교정)	晉·葛洪	15,000
165	중국25사(中國25史) (33권)	吳普	2,640,000
166	중국경락학형태연구(中國經絡學形態研究)	朱裕麟	15,000
167	중국기방전서(上·下)(中國奇方全書)	全鳳鳴·張成運	70,000
168	중국맥진연구(中國脉診研究)	費兆馥	23,000
169	중국의역학(中國醫易學)	鄒學喜·鄒成永	26,000
170	중국의적통고(中國醫籍通考) (9권)	嚴世蕓 外	240,000
171	중국의학사(中國醫學史)	傅維康 主編	25,000
172	중국침구사(中國針灸史)	郭世余	25,000
173	중문대사전(中文大辭典)		400,000
174	중서의변증진치(中西醫辨證診治)	白洪龍	30,000
175	중약감정학(中藥鑑定學)	任仁安	30,000
176	중약대사전 (4권) (교정)	醫聖堂	120,000
177	중약성약학(中藥成藥學)	劉德儀	15,000
178	중약포제여제제기술문답(中藥炮制與制劑技術問答)	李鄂生	8,000
179	중약학(中藥學)	高學敏(고등중의원)	20,000
180	중의내과급증(中醫內科急症)	路志正	20,000
181	중의내과학(中醫內科學)	張伯臾	24,000
182	중의맥진학(中醫脉診學)	趙恩儉	50,000
183	중의병리연구(中醫病理研究)	匡調元	22,000
184	중의부과의료경험(中醫婦科醫療經驗)	雷仁生	6,000
185	중의부과학(中醫婦科學)	羅元愷	20,000
186	중의시즘양치병적(中醫是怎樣治病的)	王明輝	14,000
187	중의신주학설(中醫神主學說)	王克勤	15,000
188	중의십취(中醫拾趣)	郭劍華 外3人	18,000
189	중의아과학(中醫兒科學)	王伯岳·江育仁	38,000
190	중의오진오치석미(中醫誤診誤治析微)	鍾昔意	20,000
191	중의진단학(中醫診斷學)	鄧鐵濤	24,000
192	중의추나학(中醫推拿學)	上海中醫	16,000
193	중의치루요법(中醫痔瘻療法)	孫秀英·鍾輔臣	12,000
194	중의학다선제해(中醫學多選題解)	吳曉靑	25,000
195	중의형신병학(中醫形神病學)	董連榮	15,000

❖ 중국에 가실 때는 간자사전이 꼭 필요합니다.

NO	도 서 명	저 자	정 가
196	중초약단방대전(中草藥單方大全)	王文安	24,000
197	중초약중독급구(中草藥中毒急救)	趙棣華	23,000
198	중풍조변(中風條辨)	金宅修 譯	15,000
199	증보신효집(增補神效集)	淸·不著撰仁(劉宏 僞張瑞賢)	15,000
200	증상별검사선택법(症狀別檢査選擇法)	金箕洪	15,000
201	증치백문(証治百問)	淸·劉黙	30,000
202	증치총서(證治叢書) (교정)	沈全魚 外	32,000
203	지의필변(知醫必辨)	淸·李冠仙	10,000
204	진본의서집성(珍本醫書集成) (14권) (교정)	裘吉生 原編	350,000
205	질문본초(質問本草)	淸·吳繼志	24,000
206	집험양방(集驗良方)	淸·年希堯 輯	20,000
207	채애편익(菜艾編翼)	淸·葉茶山	30,000
208	천가묘방(上·下)(千家妙方)	李文亮·齊强	30,000
209	침구가부교석(針灸歌賦校釋)	施土生	15,000
210	침구갑을경교석(上·下)(針灸甲乙經校釋)	魏·皇甫謐	30,000
211	침구문헌의 검색과 이용(針灸文獻의 檢索과 利用)	王德深·閻純璽	20,000
212	침구수혈도보(針灸腧穴圖譜)	陸瘦燕·朱汝功	15,000
213	침구심오(針灸心悟)	孫震寰·高立山	13,000
214	침구추나학사(針灸推拿學史)	傅維康 主編	14,000
215	침구치료부녀병(針灸治療婦女病)	狀晋峰	12,000
216	침구치료정신병(針灸治療精神病)	金舒白	8,000
217	침구학(針灸學)	楊甲三	36,000
218	침방육집교석(鍼方六集校釋)	明·吳崑	25,000
219	침자마취(針刺麻醉)	共恩琪	18,000
220	침자사고예방(針刺事故豫防)	楊占林	18,000
221	침자수법백종(針刺手法百種)	陸壽康·胡伯虎·張兆發	15,000
222	탕두가결신의(湯頭歌訣新義)	淸·汪昻	28,000
223	태산심법+여과집요(胎産心法+女科輯要)	淸·沈堯封·閻純璽 外2人	40,000
224	편방치대병(偏方治大病)	高允旺	12,000
225	편작과 편작학파연구(扁鵲과 扁鵲學派硏究)	李伯聰	22,000
226	편작신응침구옥룡경+신응경(扁鵲神應針灸玉龍經+神應經)	明陳會 外1人 元王國瑞 外2人	12,000
227	포구전서(炮灸全書)	日·稻宣義 撰	20,000
228	피과편람(皮科便覽)	李博鑑	7,000

도서목록

NO	도 서 명	저 자	정 가
229	한의학개론(韓醫學槪論)	孟景春·周仲瑛	28,000
230	한증(汗症)	陶御風	15,000
231	한증증치(汗証證治)	沈全魚 外	10,000
232	행헌의안병안(杏軒醫案幷按)	淸·程杏軒	32,000
233	현대중의생리학기초(現代中醫生理學基礎)	李鍾朴	18,000
234	혈증증치(血証證治)	沈全魚 外	10,000
235	황제내경소문교주어석(黃帝內經素問校主語釋)	郭靄春	22,000
236	황제내경소문금석(黃帝內經素問今釋)	王琦, 李炳文 外3人	22,000
237	황제내경영추교주어석(黃帝內經靈樞校主語釋)	郭靄春	30,000
238	황제소·영류선교감(黃帝素·靈類選校勘)	淸·吳考槃	20,000

신 간 도 서

■ 인기 많은 원로 한방 경험집   ■ 교재 및 임상필독서

NO	도 서 명	저 자	정 가
240	간도는 우리 영토다	심상룡 편저	15,000
278	경혈학 (알기쉬운) (도해)	손인철 외2명	35,000
270	경혈학 해설 (쉽게 배우는) (도해)	김길춘	35,000
243	근대100년 한방임상집	경희대학교 한의과대학 13기 졸업 동문회 대표 편저자 류기원	90,000
244	금궤요략소(金匱要略疏)	태한의학회 편	48,000
245	금침매화시초	조수동 유고	15,000
246	당뇨병 홈런왕	김길춘 저	22,000
247	대학맥론(大學脈論)	이상철, 김수남, 여화동 저	52,000
249	독(毒)으로 지친 당신의 몸을 지켜라 (1, 2권)	박경수 저	24,000
250	동의 약용광물학 (칼라) (교정판) 【교재】	이장천 外12人 편저	55,000
251	동의 약용동물학 (칼라) 【교재】	오창영 外31人 著	92,000
252	동의노인병학【교재】	蔡禹錫 著	55,000
248	동의방제와 처방해설 (도해증보) 【교재】	尹用甲 著	88,000
253	동의수세보원발몽	라경찬	85,000
254	두침학(頭針學) (도해교정) (칼라)	박희수 著	40,000
279	뜸치료법 (알기쉬운)	손인철	35,000

❖ 중국에 가실 때는 간자사전이 꼭 필요합니다.

NO	도 서 명	저 자	정 가
255	만화 허준 동의보감(약재편 1권 / 치료편 1,2권)	정형기 구성, 그림 류봉하 감수	36,000
256	매선부침요법(埋線浮針療法)(疼痛治療)	符仲華 원저, 정금용, 조태환 공역	60,000
257	명의 31인의 소갈 험방 해설집	박대원, 박경수 역	15,000
258	미발생발고험방(美髮生髮古驗方)	정금용 역	43,000
260	방제학 실습	윤용갑 외 16인	18,000
280	부항요법 (알기쉬운)	김용석 외11명	35,000
261	비전 달마선법	범조 광운선사 著	9,000
276	사암침법 (실용임상)	최문태	52,000
262	상한론과 경락으로 본 三陰三陽의 실체	백두기	18,000
263	상한론소(傷寒論疏)	태한의학회 편	48,000
264	상한병치료길잡이	마스타구니오 원저	24,000
265	서경번 비위론 임상	박병모, 박경수, 서남준 공역	34,000
266	성의학 그것이 알고 싶다	송병기 編著	10,000
267	소아약증직결 (역)	宋·錢乙	30,000
268	수혈연구침구학(腧穴研究針灸學)	박희수 著	30,000
269	순환매선요법	박동수	35,000
272	시금묵 임상경험집	박경수, 유진덕 역	30,000
275	시금묵 임상약대론 (신편)	이승혁	26,000
273	식료본초학 (증보개정)	김규열, 박성혜, 양미옥, 최윤희 편저	42,000
274	신침대요	이의원, 이중길	55,000
277	알고나서 먹자 (1집)	심상용 저	9,000
281	암은 진맥과 침뜸으로 치료된다	김창환, 고형균, 김용석 공편역	20,000
239	약물의 방제배오 (200종) (防風, 川芎, 人蔘, 黃芪)	윤용갑	25,000
282	약선본초학	김길춘	23,000
283	약선식료학개론	김규열, 최윤희 공저	35,000
284	약침 임상시험을 위한 통계계획서 개발	임지연	13,000
285	엄마손은 약손(소아추나학)	조휘성, 곽중문 共編	10,000
286	역대암치료선	조종관 外4人 共譯	33,000
287	오당본초강론(吾堂本艸講論)	이상철 저 태한의학회 편	58,000

NO	도 서 명	저 자	정 가
289	외과정의+반론췌영+의경소회집	대전대졸준위 譯	30,000
290	유봉오 부과임상경험집	박경수, 주승균 共譯	35,000
291	은백회강의록		22,000
292	의루원융	대전대졸준위 譯	60,000
293	의역통설	淸·唐宗海 著	35,000
294	의학충중참서록(上·下)	淸·장석순 著	88,000
295	이가동의임상(李家東醫臨床)	이근춘	160,000
296	이러히 닦아라	범조 광운선사 著	9,000
297	임상 30년 경험집방	원광대학교 한의과대학 2회 졸업생 기념사업회	12,000
298	임상 봉약침 요법 (도해)	신용승 편저	50,000
299	임상심득십강(용약+방제)	焦樹德 著	65,000
300	임상지남(臨床指南)	梁載協 著	106,000
301	임상화침요법	신용승 編著	42,000
302	자오유주 개혈침법(子午流注開穴針法)	박희수 外1人	30,000
303	장중경코드 1, 2	최병권 편저	88,000
304	장중경코드 3	최병권 저	80,000
305	주지성 임상경험집	박경수 外1人 역	15,000
241	중국 간자사전 (개정판)	의성당 편	5,000
259	천연물 패치요법 (바르거나 붙여서 치료하는)	신민교, 노영득, 신창호 공저	35,000
309	침구준용(鍼灸準用)	대전대졸준위 譯	38,000
310	침구치료요감 (개정)	김경식 著	40,000
271	침구치료학 (쉽게 응용하는)	김길춘	35,000
311	침자리 영상기억법	손주남 著	25,000
312	태암수문 험방록 (개정, 교정, 최신판)	金瀅其 著	86,000
308	평형침구학 (중국 왕문원)	왕문원 著 최도영, 조명래, 박희준 공역	120,000
288	평형침법 (왕문원 임상)	왕문원 원저자 안창범 감수	80,000
313	퓨조펑쳐(FUZOPUNCTURE)	조태환, 조동필, 박경미, 박선섭 공저	40,000
314	한국약선총서 (제1권 약선설계학, 제2권 약선설계본초) 전2권	안문생	55,000

❖ 중국에 가실 때는 간자사전이 꼭 필요합니다.

NO	도 서 명	저 자	정 가
306	한글 상한잡병론 (주해)	류기원, 소진백 감수 김택수 편역	70,000
315	한글 신농본초경 (칠가합주)	의성당 편집부 편저 안덕균 감수	47,000
307	한글 침구갑을경 (주해)	황도현 편자	65,000
316	한방간호개론	옥도훈 著	15,000
317	한방근골과학 【교재】	김정곤, 강준, 윤종일 공저	130,000
318	한방소아청소년의학 【교재】	김기봉, 김덕곤, 김윤희, 김장현, 민상연, 박은정, 백정한, 유선애, 이승연, 이진용, 이해자, 장규태, 채중원, 한윤정, 한재경	75,000
319	한방약리학 【교재】	한종현, 김기영 편저	35,000
320	한방여성의학 【교재】	대한한방부인과학회 편저	110,000
321	한방임상학 (증보) (개정)	채인식 저	85,000
322	한방참살이 1권	박경수	12,000
323	한방참살이 2권	박경수	11,000
324	한손으로 중풍 때려잡자	성현제 外	15,000
325	한의학 총강(韓醫學總綱) 【교재】 (제5교정판)	나창수 外18人 共編著	65,000
326	한의학의 과학원리	송호준, 권동열 공역	36,000
328	한의학의 암치료기술 처방집	유화승, 조종관	20,000
327	한의학의 암치료기술	조종관, 유화승	15,000
329	현대임상침구학	안창범 編著	78,000
330	혈액형사상 체질음식을 알면 병을 고친다	정동원	30,000
331	형상진단(形象診斷) 【교재】	송병기 編著	28,000
332	홧병해결	윤용섭 편저	9,500
333	황제내경 소문(上·下) (교주보주) 【교재】	이종형, 김달호 共編	140,000
242	황제내경 소문해석 (교주보주) (상, 하)	정종한 편역	240,000
334	황제내경 영추 (교주보주) 【교재】	이종형, 김달호 共編	90,000
	통증침구치료 (도해) (개정판-칼라) <근간>		
	침구학대사전 (도해 칼라) <근간>		
	축심여 임상경험집 (개정 증보) <근간>		
	내경과학원리 <근간>		

MEMO

中國 簡字辭典

2003.10.15	초 판 발 행
2005. 3. 2	1차교정판
2007. 1. 5	개 정 판
2013.12. 5	2차개정판

발행인 : 김 대 경
발행처 : 도서 의 성 당

주　소 : 서울특별시 강서구 곰달래로 159
　　　　　　1969.12.19. 제11-45호
전　화 : (02) 2666-7771~5, 2607-7771~3
팩　스 : (02) 2607-6071
이메일 : esdang@hanmail.net
홈페이지 : www.esdang.com (의성당)

I S B N : 89-88676-37-8-11720
정　가 : 5,000원

최근 더 많은 책과 자세한 내용이 필요하시면
의성당(한글도메인) 홈페이지로 들어오세요.
이 책은 저작권법에 따라 도보 및 내용을 허락 없이
복사 또는 인용하실 수 없습니다.